支付业务季报

3

2012

Quarterly Payment Statistics and Analysis

中国人民银行支付结算司 编

中国金融出版社

责任编辑：黄海清
责任校对：李俊英
责任印制：程　颖

图书在版编目（CIP）数据

支付业务季报（Zhifu Yewu Jibao）. 2012 年. 第三季度/中国人民银行支付结算司编. —北京：中国金融出版社，2012. 12
ISBN 978 - 7 - 5049 - 6696 - 4

Ⅰ. ①支…　Ⅱ. ①中…　Ⅲ. ①银行—业务核算—会计报表—中国—2012　Ⅳ. ①F832. 2

中国版本图书馆 CIP 数据核字（2012）第 291863 号

出版发行　中国金融出版社
社址　北京市丰台区益泽路 2 号
市场开发部　（010）63266347，63805472，63439533（传真）
网 上 书 店　http://www.chinafph.com
（010）63286832，63365686（传真）
读者服务部　（010）66070833，62568380
邮编　100071
经销　新华书店
印刷　天津市银博印刷技术发展有限公司
尺寸　210 毫米×285 毫米
印张　11. 5
字数　175 千
版次　2012 年 12 月第 1 版
印次　2012 年 12 月第 1 次印刷
定价　100. 00 元
ISBN 978 - 7 - 5049 - 6696 - 4/F. 6256
如出现印装错误本社负责调换　联系电话（010）63263947

支付业务季报(2012年第三季度)

编写组

组　长： 励　跃

副组长： 樊爽文

执　笔： 张莉英　杨　青　韩　露
罗　布　唐婷婷　凌　冰
缪　纾　徐玉陇　张亚岚
张兴人

审　稿： 励　跃　周金黄　樊爽文
严　芳　史英琪　谭静蕙
张　怡　欧韵君　程世刚
胡　波　张　晔　黄　萍
殷　实　潘　松

内容概要

2012年第三季度支付业务统计数据显示，全国支付体系继续保持平稳高效运行，支付业务量维持稳步增长态势，社会资金交易规模持续扩大，增速有所加快。

一、非现金支付工具

2012年第三季度，全国共办理非现金支付业务106.48亿笔，金额328.02万亿元，同比分别增长23.9%和16.0%。非现金支付业务量总体呈现上升态势，笔数增速同比加快4.0个百分点，金额增速同比放缓5.6个百分点。

（一）票据

票据业务量同比有所下降。第三季度，全国共发生票据业务1.95亿笔，金额74.21万亿元，同比分别下降9.2%和0.9%。

支票业务单笔金额同比持续增长，增速有所放缓。第三季度，全国共发生支票业务1.88亿笔，金额67.47万亿元，笔数同比下降9.5%，降速较上年同期加快2.5个百分点，金额同比下降0.7%，降速较上年同期加快4.4个百分点。平均每笔支票业务金额为35.80万元，同比增长9.8%，增速较上年同期放缓1.7个百分点。

商业汇票业务量同比保持增长，笔数和金额增速同比明显回落。第三季度，实际结算商业汇票业务390.82万笔，金额3.99万亿元，同比分别增长18.8%和9.1%，笔数和金额增速较上年同期分别回落16.9个百分点和17.3个百分点。**电子商业汇票系统运行平稳，出票、承兑业务量稳步增长，纸票登记业务环比小幅下降。**截至第三季度末，全国接入电子商业汇票系统的机构共计335家，较上季度末增加4家。第三季度，电子商业汇票系统出票8.10万笔，金额2 598.96亿元；承兑8.31万笔，金额 2 652.65 亿元；贴现 2.39 万笔，金额 1 162.68 亿元。

（二）银行卡

银行卡发卡量持续增长，借记卡发卡量突破 30 亿张，信用卡发卡量同比增速持续放缓。银行卡受理市场环境不断改善。各类银行卡业务总体保持增长态势，金额同比增速放缓。银行卡消费业务同比快速增长，银行卡渗透率达到 46.3%，社会公众持卡用卡意识进一步加强，使用银行卡进行日常零售支付的习惯逐渐形成。

截至第三季度末，全国发行银行卡 34.00 亿张，环比增长 5.4%，同比增长 21.2%，同比增速加快 3.3 个百分点。其中，借记卡发卡量为 30.82 亿张，环比增长 5.5%，同比增长 21.4%，同比增速加快 3.8 个百分点；信用卡发卡量为 3.18 亿张，环比增长 5.1%，同比增长 18.8%，同比增速放缓 1.5 个百分点。

截至第三季度末，全国共有银行卡跨行支付系统联网商户 438.92 万户，联网 POS 机具 668.90 万台，ATM39.14 万台，环比分别增加 50.67 万户、74.84 万台和 1.84 万台。截至第三季度末，每台 ATM 对应的银行卡数量为 8 686 张，同比减少 4.3%；每台 POS 对应的银行卡数量为 508 张，同比减少 20.6%。

第三季度，全国共发生银行卡业务 100.78 亿笔，同比增长 25.0%，增速较上年同期加快 3.9 个百分点；金额 88.20 万亿元，同比增长 5.2%，增速较上年同期放缓 27.2 个百分点。其中，银行卡存现业务 17.73 亿笔，金额 14.72 万亿元，同比分别增长 28.2% 和 12.8%；银行卡取现业务 41.72 亿笔，金额 15.69 万亿元，同比分别增长 17.9% 和 11.3%；银行卡转账业务 18.25 亿笔，金额 52.22 万亿元，笔数同比增长 21.3%，金额同比下降 0.7%；银行卡消费业务 23.09 亿笔，金额 5.56 万亿元，同比分别增长 40.8% 和 36.6%。

第三季度，全国人均银行卡消费金额为 4 151.97 元，银行卡渗透率[①]达到 46.3%，比上年同期上升 6.1 个百分点。全国银行卡卡均消费

① 银行卡消费金额中剔除房地产及批发类交易金额。

金额为1 804.84元，同比增长24.3%；笔均消费金额2 409.01元，同比下降3.0%。

信用卡授信总额和信用卡期末应偿信贷总额（信用卡透支余额）均持续增长。信用卡逾期半年未偿信贷总额小幅增长，占期末应偿信贷总额比例略有下降。截至第三季度末，信用卡授信总额3.33万亿元，同比增长36.3%，较第二季度末增加3 424.03亿元，环比增长11.4%；期末应偿信贷总额10 035.47亿元，同比增长44.8%，较第二季度末增加1 423.35亿元，环比增长16.5%。截至第三季度末，信用卡逾期半年未偿信贷总额144.30亿元，较第二季度末增加11.64亿元，环比增长8.8%；信用卡逾期半年未偿信贷总额占期末应偿信贷总额的1.4%，较第二季度下降0.1个百分点。

（三）汇兑等其他业务

汇兑、委托收款等其他业务保持快速增长。第三季度，全国共发生汇兑、委托收款等其他业务3.75亿笔，金额165.61万亿元，同比分别增长20.2%和33.4%，增速较上年同期分别加快7.4个百分点和6.3个百分点。其中，汇兑业务3.66亿笔，金额162.00万亿元，同比分别增长20.6%和34.3%，增速较上年同期分别加快7.5个百分点和6.6个百分点。

二、支付系统

第三季度，支付系统[①]共处理支付业务49.58亿笔，金额654.64万亿元，同比分别增长24.0%和28.1%，增速较上年同期分别加快2.3个百分点和15.0个百分点；**从支付系统资金往来情况[②]看，第三季度，全国各省（市、自治区）辖内资金流动总量占全国资金流动总量的比例由第二季度的49.5%下降至49.0%；**19个省（市、自治区）的辖内资金流动量超过本省（市、自治区）资金流动总量的50%。

---

① 支付系统包含大额实时支付系统、银行业金融机构行内支付系统、银行卡跨行支付系统、网上支付跨行清算系统、小额批量支付系统、同城票据清算系统及境内外币支付系统等7个系统。

② 包含大额实时支付系统、小额批量支付系统、银行业金融机构行内支付系统等3个系统处理的资金交易。

大额实时支付系统处理业务笔数及日均笔数均超过上年同期规模，业务量持续攀升。第三季度，大额实时支付系统处理业务1.26亿笔，金额463.49万亿元，同比分别增长27.1%和33.1%，分别占支付系统业务笔数和金额的2.5%和70.8%，业务金额是第三季度全国GDP总量的36.91倍，较第二季度有所下降；日均处理业务190.30万笔，金额7.02万亿元[①]，同比分别增长25.2%和31.1%，与第二季度相比，笔数增加7.03万笔，金额减少0.30万亿元。

小额批量支付系统业务笔数同比增长明显。第三季度，小额批量支付系统共处理业务2.02亿笔，金额4.50万亿元，笔数同比增长38.4%，金额同比下降0.9%，分别占支付系统业务笔数和金额的4.1%和0.7%；日均处理业务219.20万笔，金额488.75亿元[②]。

网上支付跨行清算系统业务持续增长。截至第三季度末，全国共有121家机构接入网上支付跨行清算系统。第三季度，网上支付跨行清算系统共处理支付业务7 476.45万笔，金额10 032.81亿元，分别占支付系统业务笔数和金额的1.5%和0.2%；环比分别增长31.4%和31.2%；日均处理支付业务81.27万笔，金额109.05亿元[③]。

同城票据清算系统业务量同比下降。第三季度，同城票据清算系统共处理业务1.04亿笔，金额16.96万亿元，同比分别下降2.4%和2.3%，分别占支付系统业务笔数和金额的2.1%和2.6%；日均处理业务156.93万笔，金额2 570.36亿元[④]。

境内外币支付系统业务持续增长。第三季度，境内外币支付系统共运行66个工作日，处理支付业务30.92万笔，金额9 342.56亿元（1 473.79亿美元），同比笔数增长89.7%，金额增长107.6%；日均处理支付业务4 685笔，金额141.55亿元（22.33亿美元），同比笔数增长86.8%，金额增长104.5%。

---

① 2012年第三季度大额实时支付系统实际运行66个工作日，此处按实际运行工作日计算。

② 2012年第三季度小额批量支付系统实际运行92个工作日，此处按实际运行工作日计算。

③ 此处按2012年第三季度92个自然日计算。

④ 此处按2012年第三季度实际工作日66日计算。

银行业金融机构行内支付系统业务量继续保持较快增长。第三季度，银行业金融机构行内支付系统共处理业务22.98亿笔，金额162.51万亿元，同比分别增长23.6%和19.2%，分别占支付系统业务笔数和金额的46.3%和24.8%；日均处理业务2 497.38万笔，金额1.77万亿元[①]。

银行卡跨行支付系统业务笔数环比增速放缓。第三季度，银行卡跨行支付系统共处理业务21.55亿笔，金额5.24万亿元，同比分别增长20.6%和31.1%，分别占支付系统业务笔数和金额的43.5%和0.8%；日均处理业务笔数2 342.10万笔，金额569.99亿元。

三、人民币银行结算账户

人民币银行结算账户数量保持平稳增长态势，环比增速与第二季度持平。截至第三季度末，全国共有人民币银行结算账户47.38亿户[②]，环比增长5.1%，增速与第二季度持平。其中，单位银行结算账户3 095.34万户，占银行结算账户的0.7%，环比增长2.6%，增速放缓0.9个百分点；个人银行结算账户47.07亿户，占银行结算账户的99.3%，环比增长5.1%，增速与第二季度持平。

单位银行结算账户数量稳步增长，基本存款账户数量占比连续三个季度低于60%，临时存款账户数量保持下降趋势。截至第三季度末，全国共有单位银行结算账户3 095.34万户，环比增长2.6%，同比增长12.7%。其中，基本存款账户1 854.02万户，一般存款账户963.13万户，专用存款账户254.76万户，临时存款账户23.43万户，分别占单位银行结算账户的59.9%、31.1%、8.2%和0.8%。基本存款账户、一般存款账户和专用存款账户环比分别增长2.7%、2.9%和0.9%，同比分别增长12.8%、15.6%和4.5%，临时存款账户环比下降1.5%，同比下降4.9%。

个人银行结算账户数量延续增长态势。截至第三季度末，全国共开

① 此处按2012年第三季度92个自然日计算。

② 人民币银行结算账户数据来源于中国人民银行人民币银行结算账户管理系统，下同。

立个人银行结算账户47.07亿户，同比增长19.4%，增速较上年同期放缓3.5个百分点；环比增长5.1%，增速与第二季度持平。个人银行结算账户数量排名前十位的省（市）分别为广东[①]、山东、江苏、浙江、上海、福建、四川、河南、湖南和河北，上述十省（市）个人银行结算账户共计29.27亿户，占全国个人银行结算账户的62.2%。

① 含深圳市。

目　录

第一部分　报表分析说明

专栏

表

图

第二部分　支付业务报表

第三部分　支付业务地域及行别分布状况

第一部分

报表分析说明

一、非现金支付工具

第三季度，面对依旧复杂严峻的国内外经济形势，党中央、国务院坚持稳中求进的工作总基调，正确处理保持经济平稳较快发展、调整经济结构和管理通胀预期三者的关系，国民经济运行总体平稳，呈现出经济运行企稳、结构调整加快的积极变化。第三季度实现国内生产总值（GDP）12.56 万亿元，同比增长 8.1%，增速较上年同期放缓 1.0 个百分点。

非现金支付业务量稳步增长，金额增速同比放缓。第三季度，全国共办理非现金支付业务 1 064 814.45 万笔，金额 3 280 196.87 亿元，同比分别增长 23.9% 和 16.0%，笔数增速同比加快 4.0 个百分点，金额增速同比放缓 5.6 个百分点；与第二季度相比，笔数增速加快 1.8 个百分点，金额增速回落 1.1 个百分点（如图 1）。

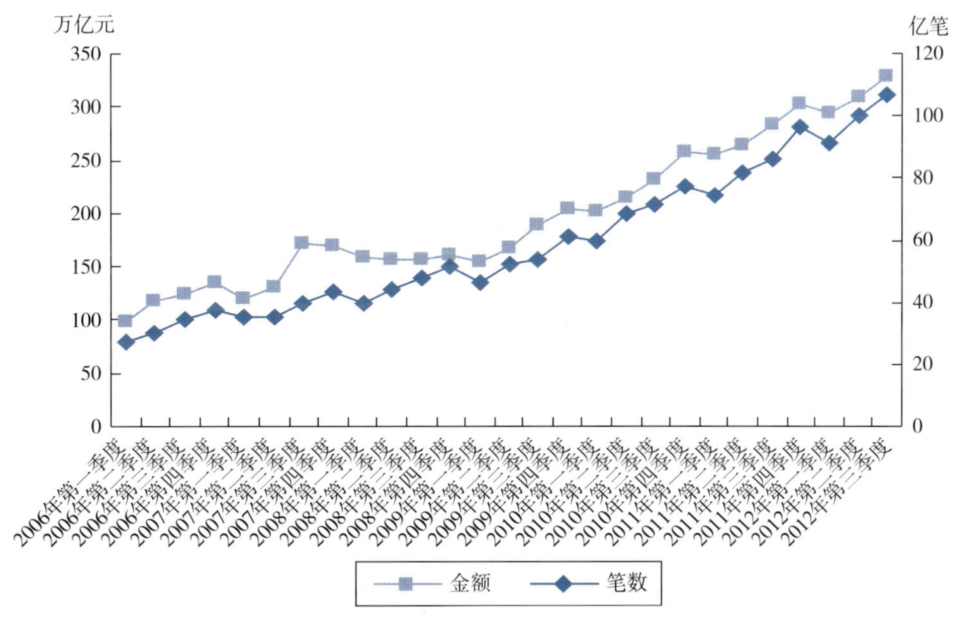

图 1　2006 年第一季度以来非现金支付业务量趋势图

非现金支付业务金额自2009年第三季度以来基本以超过国内生产总值（GDP）增速10.0个百分点的增速保持增长，为我国国民经济平稳增长提供了有力的资金流通支持。从总体趋势上看，非现金支付业务金额增速与国内生产总值（GDP）增速变动保持较强的趋同性（如图2）。

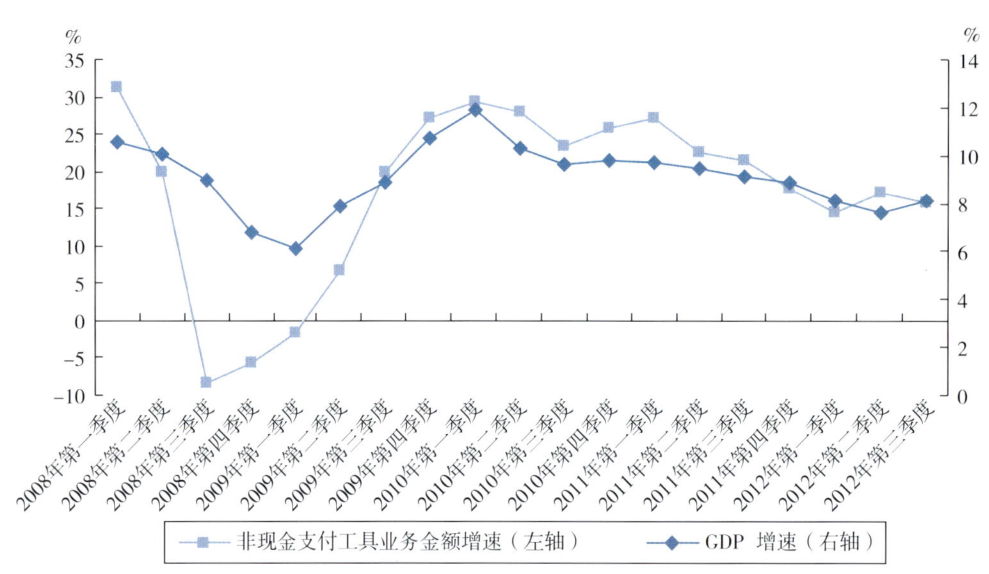

图2　2008年第一季度以来非现金支付工具业务金额、GDP增速变动趋势图

从非现金支付工具构成来看，票据业务量占比继续下降；银行卡业务笔数占比微幅增加，金额占比小幅下降；汇兑等其他业务笔数占比微幅下降，金额占比首次超过五成。第三季度，全国共发生票据业务19 527.73万笔，金额742 108.40亿元，分别占非现金支付工具业务量的1.8%和22.6%，笔数和金额占比同比分别下降0.7个百分点和3.9个百分点；银行卡业务1 007 828.44万笔，金额881 974.10亿元，分别占非现金支付工具业务量的94.7%和26.9%，笔数占比同比上升0.8个百分点，金额占比同比下降2.7个百分点；汇兑、委托收款等结算方式业务37 458.28万笔，金额1 656 114.37亿元，分别占非现金支付工具业务量的3.5%和50.5%，笔数占比同比下降0.1个百分点，金额占比同比上升6.6个百分点（如图3、图4）。

票据业务量同比降速加快；银行卡业务量同比继续保持增长，但业

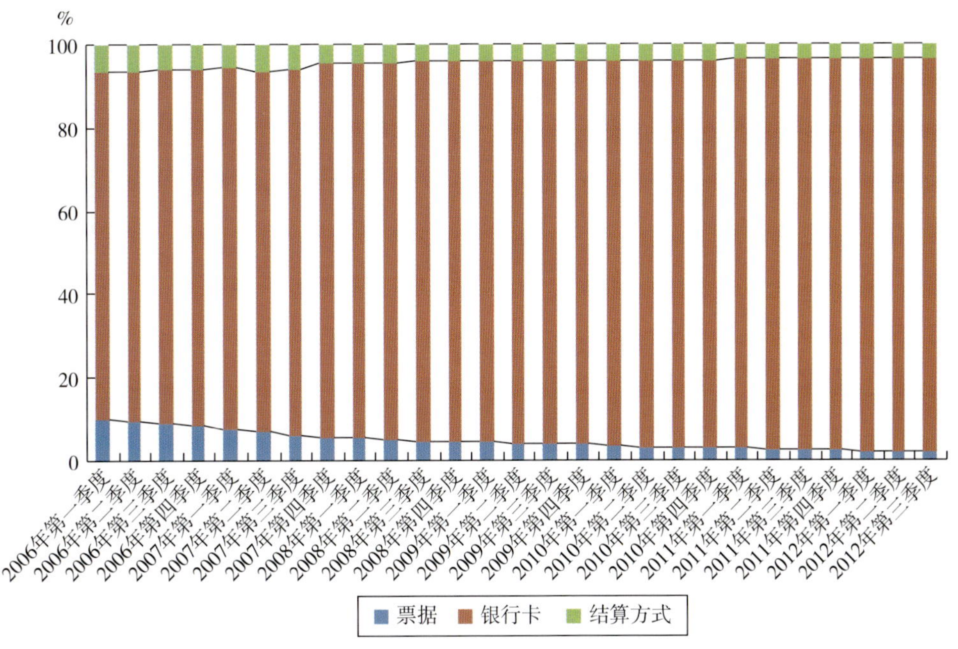

图3　2006 年第一季度以来支付工具业务笔数占比变动趋势图

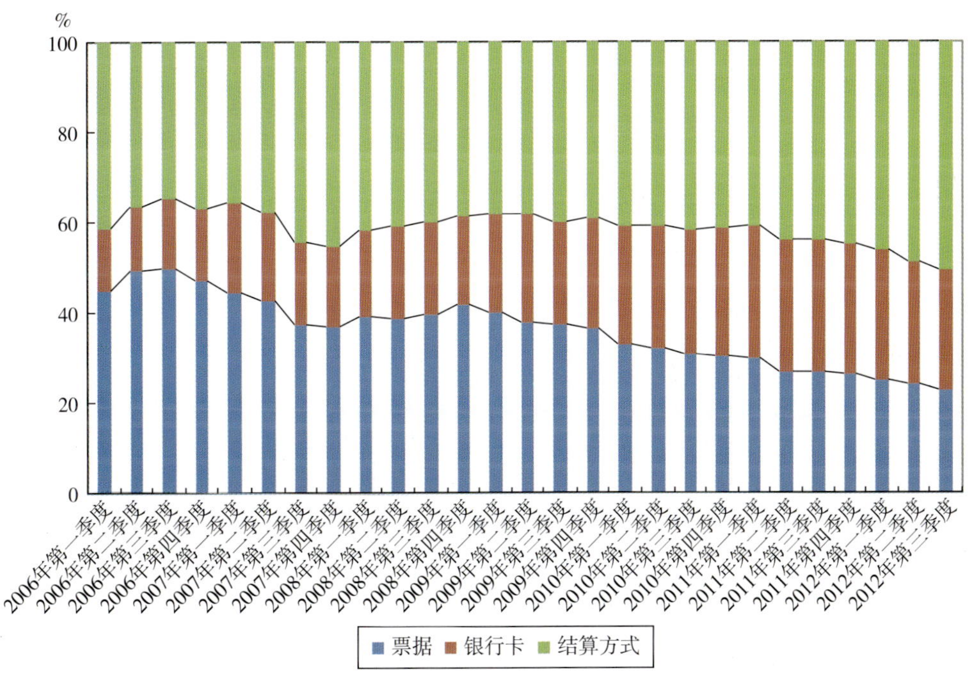

图4　2006 年第一季度以来支付工具业务金额占比变动趋势图

务金额同比增速明显回落；结算方式业务笔数、金额较上年同期增速小幅上升。第三季度，票据业务笔数同比下降9.2%，降速较上年同期加快2.6个百分点，金额同比下降0.9%，降速较上年同期加快5.3个百分点；银行卡业务笔数同比增长25.0%，增速较上年同期加快3.9个百分点，金额同比增长5.2%，增速较上年同期回落27.2个百分点；结算方式业务笔数同比增长20.2%，增速较上年同期加快7.4个百分点，金额同比增长33.4%，增速较上年同期加快6.3个百分点。

（一）票据

第三季度，全国共发生票据业务19 527.73万笔，金额742 108.40亿元，同比分别下降9.2%和0.9%，日均业务212.26万笔、金额8 066.40亿元[①]。

东部地区票据业务金额全国占比同比下降，中部、西部和东北部地区票据业务金额全国占比均小幅上升。第三季度，东部地区票据业务金

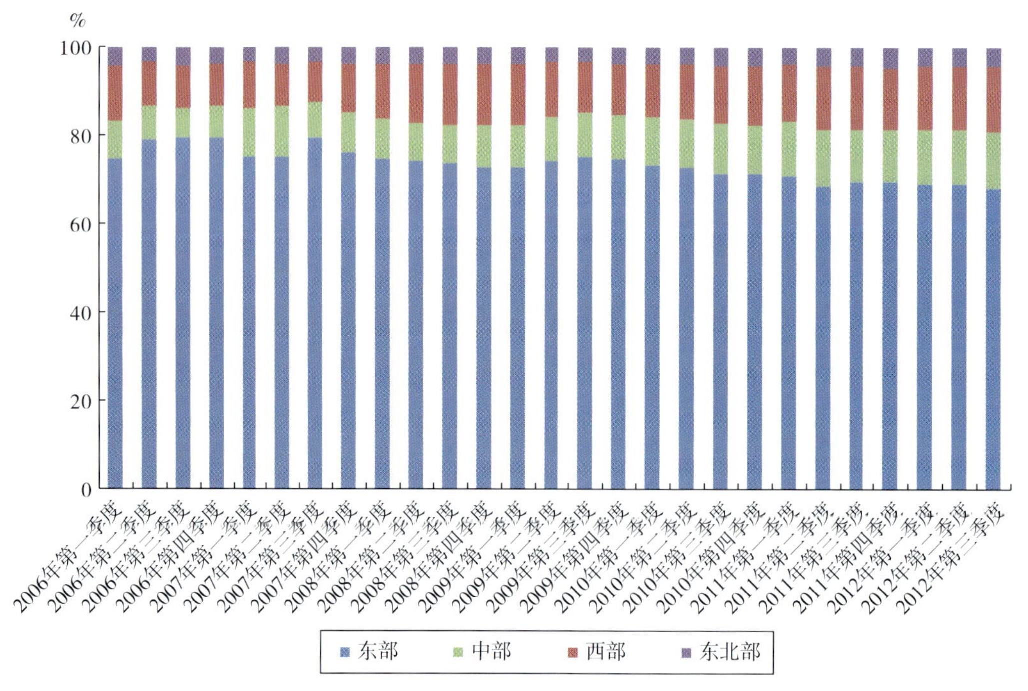

图5　2006年第一季度以来各地区票据金额占比变动趋势图

① 按92日计算，如无特别注明，下同。

额全国占比为68.0%，较上年同期下降1.4个百分点。中部、西部和东北部地区票据业务金额全国占比分别为12.8%、14.7%和4.5%（如图5），占比较上年同期分别提高0.6个百分点、0.7个百分点和0.1个百分点。第三季度，东部、中部、西部和东北部地区票据业务笔数同期全国占比分别为53.7%、16.2%、23.3%和6.8%（如图6）。

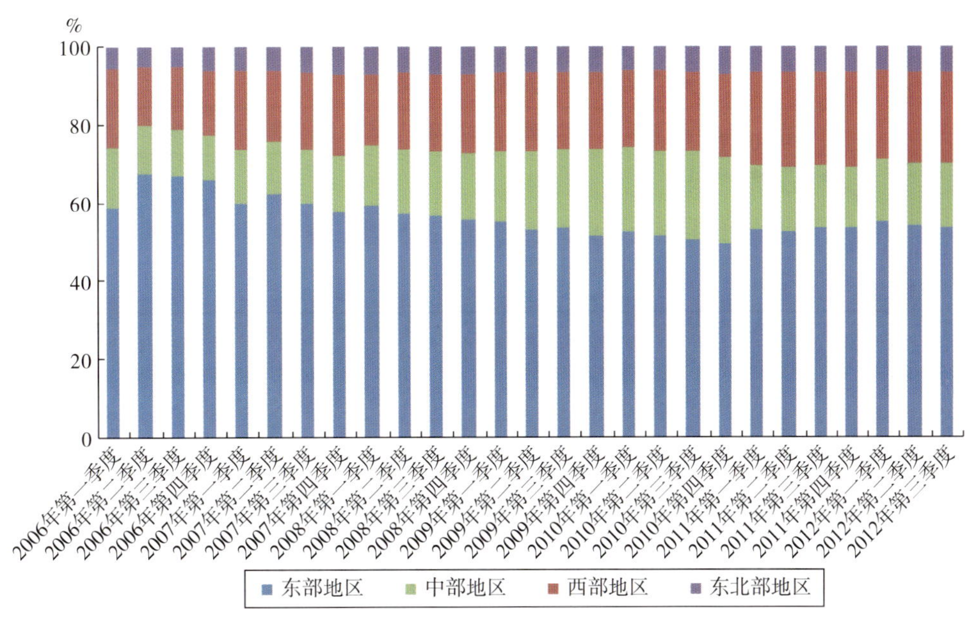

图6 2006年第一季度以来各地区票据笔数占比变动趋势图

1. 支票

支票业务单笔金额同比持续增长，增速有所放缓。第三季度，全国共发生支票业务18 843.80万笔，日均204.82万笔，金额674 668.08亿元，日均7 333.35亿元。支票业务笔数同比下降9.5%，降速较上年同期加快2.5个百分点；金额同比下降0.7%，降速较上年同期加快4.4个百分点。平均每笔支票业务金额为35.80万元，同比增长9.8%，增速较上年同期放缓1.7个百分点，环比下降0.2%（如图7）。分地区来看，第三季度，平均每笔支票业务金额最高的是北京，达到146.62万元，平均每笔支票业务金额最低的是甘肃，为10.55万元。第三季度，单位支票业务18 610.19万笔，金额673 417.12亿元，同比分别下降9.7%和

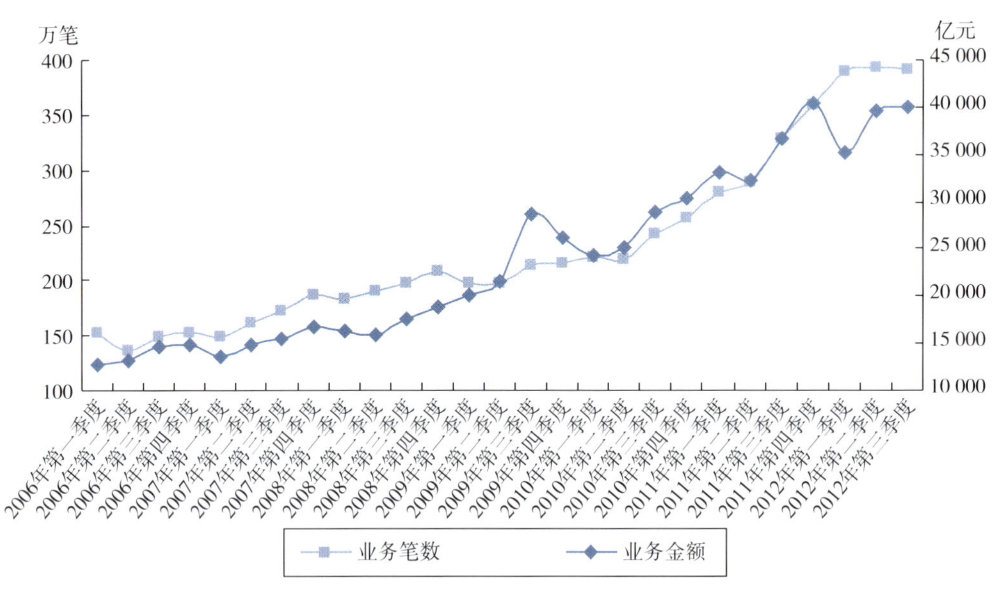

图 10　2006 年第一季度以来商业汇票业务量变动趋势图

电子商业汇票系统运行平稳，出票、承兑业务量稳步增长，纸票登记业务环比小幅下降。截至第三季度末，全国接入电子商业汇票系统的机构 335 家，较第二季度末增加 4 家。第三季度，电子商业汇票系统出票、承兑业务笔数、金额环比增长（见表 1）。其中，出票 80 983 笔，金额 2 598. 96 亿元，环比分别增长 15. 3% 和 11. 0%，笔均 320. 93 万元；平均每个工作日[①]完成出票 1 227 笔，金额 39. 38 亿元。承兑 83 130 笔，金额 2 652. 65 亿元，环比分别增长 16. 4% 和 10. 1%，笔均 319. 10 万元；平均每个工作日承兑 1 260 笔，金额 40. 19 亿元。贴现 23 909 笔，金额 1 162. 68亿元，环比笔数下降 3. 1%，金额增长 9. 3%，笔均 486. 29 万元；平均每个工作日贴现 362 笔，金额 17. 62 亿元。转贴现 28 691 笔，金额 1 910. 30 亿元，环比笔数下降 3. 6%，金额增长 12. 1%，笔均 665. 82 万元；平均每个工作日转贴现 435 笔，金额 28. 94 亿元。通过大额支付系统发生票款对付业务 39 018 笔，金额 1 453. 49 亿元，环比分别增长 11. 3% 和 19. 5%，笔均 372. 52 万元。系统共收到纸质商业汇票登记 994. 60 万笔，环比下降 1. 1%。

① 2012 年第三季度，电子商业汇票系统运行工作日为 66 天。

表1　电子商业汇票系统业务量统计表

单位：笔、亿元、%

业务类别	笔数			金额		
	2012年第三季度	2012年第二季度	环比增长	2012年第三季度	2012年第二季度	环比增长
出票	80 983	70 235	15.3	2 598.96	2 342.36	11.0
承兑	83 130	71 387	16.4	2 652.65	2 409.37	10.1
银行承兑汇票	77 159	66 757	15.6	2 149.80	1 886.66	13.9
商业承兑汇票	5 971	4 630	29.0	502.85	522.71	-3.8
贴现	23 909	24 662	-3.1	1 162.68	1 063.80	9.3
转贴现	28 691	29 754	-3.6	1 910.30	1 704.35	12.1
通过大额支付系统发生票款对付业务	39 018	35 063	11.3	1 453.49	1 216.16	19.5

银行承兑汇票业务量继续增长，但增速有所回落。第三季度，全国实际结算银行承兑汇票业务386.02万笔，金额38 859.50亿元，同比分别增长19.2%和11.2%，增速较上年同期分别放缓17.4个百分点和15.9个百分点。第三季度，银行承兑汇票笔数和金额分别占商业汇票业务量的98.8%和97.4%，笔数、金额占比同比分别上升0.3个百分点和1.9个百分点。分地区来看，银行承兑汇票笔数居全国前六位的依次为江苏、浙江、山东、河南、湖北、广东，共发生业务254.17万笔，占全国银行承兑汇票业务量的65.8%；银行承兑汇票金额居全国前六位的依次为江苏、浙江、山东、广东、山西、辽宁，共发生业务20 377.24亿元，占全国银行承兑汇票业务量的52.4%（如图11、图12）。

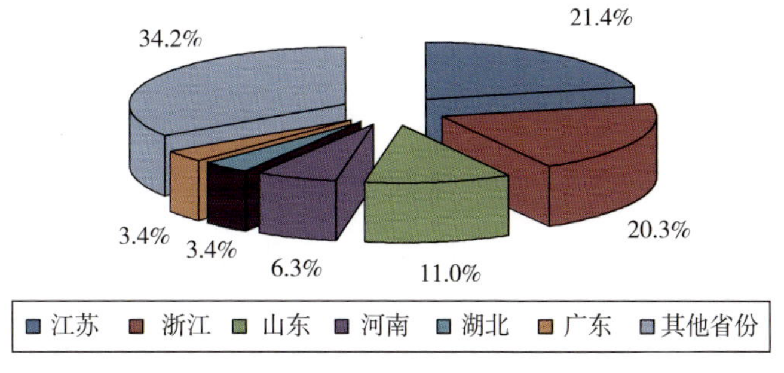

图11　2012年第三季度各省（市、自治区）银行承兑汇票业务笔数占比示意图

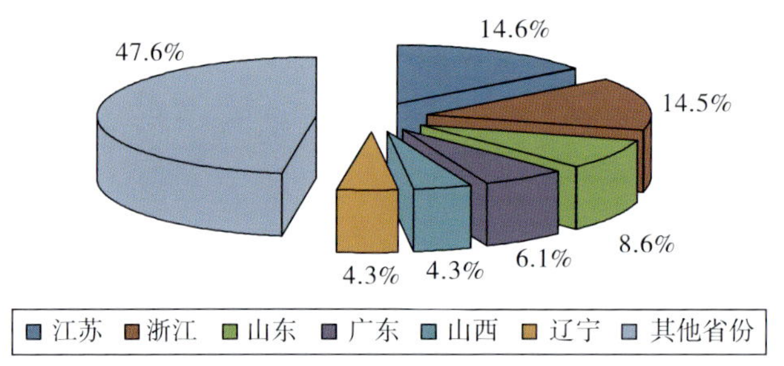

图 12　2012 年第三季度各省（市、自治区）银行承兑汇票业务金额占比示意图

商业承兑汇票业务量同比继续下降。第三季度，全国实际结算商业承兑汇票业务 4.80 万笔，同比下降 2.2%，金额 1 056.68 亿元，同比下降 35.6%。分地区来看，商业承兑汇票业务笔数居前六位的上海、山东、浙江、广东、深圳、湖北等六省（市）实际结算 3.40 万笔，占全国商业承兑汇票业务笔数的 70.9%；商业承兑汇票业务金额居前六位的浙江、北京、上海、江苏、广东、山东等六省（市）实际结算 812.41 亿元，占全国商业承兑汇票业务金额的 76.9%（如图 13、图 14）。作为国内民营经济发达、信用环境较好地区之一的浙江，第三季度实际结算商业承兑汇票的金额仍稳居各省市首位，共计 400.27 亿元，占全国商业承兑汇票业务金额的 37.8%，占比同比下降 6.6 个百分点。

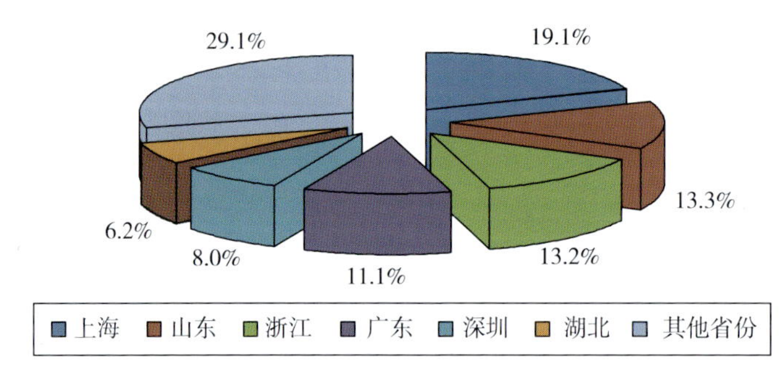

图 13　2012 年第三季度各省（市、自治区）商业承兑汇票业务笔数占比示意图

商业汇票逾期垫款金额环比持续大幅上升，城市商业银行等其他金融机构商业汇票逾期垫款金额占比环比上升。商业汇票逾期垫款金额自 2011 年第四季度以来逐季攀升并一直居高不下（如图 15），票据业务潜在风险持续扩大。截至第三季度末，全国银行业金融机构商业汇票逾期

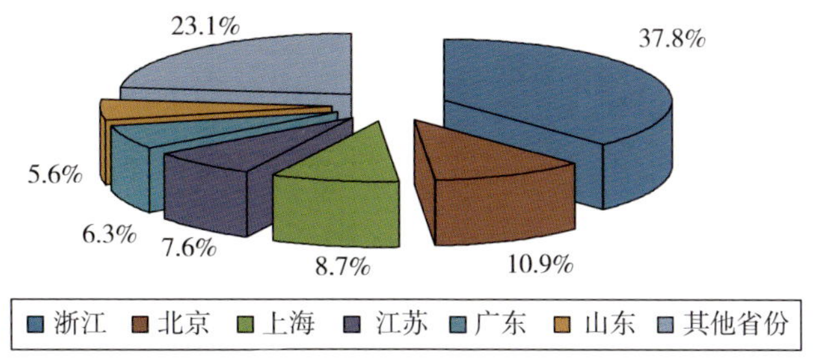

图14　2012年第三季度各省（市、自治区）商业承兑汇票业务金额占比示意图

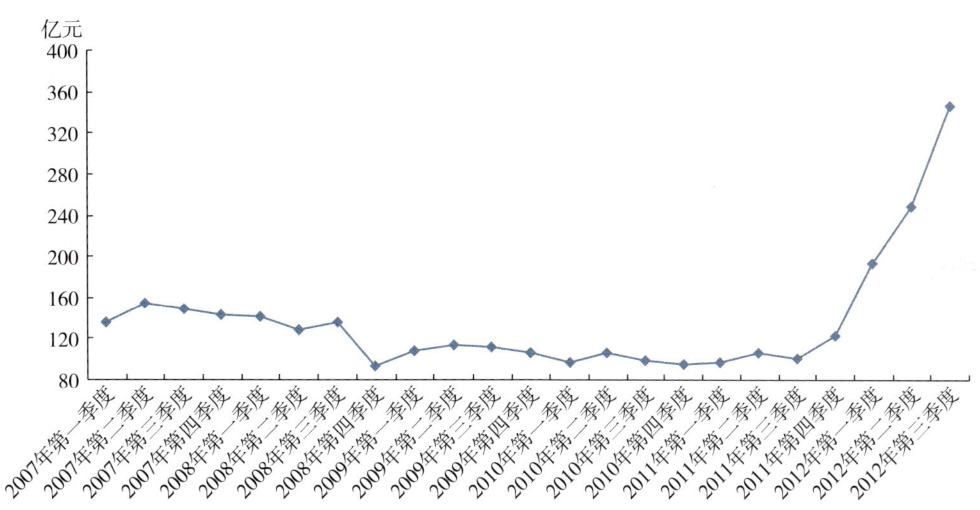

图15　2007年第一季度以来商业汇票逾期垫款金额变动趋势图

垫款金额为346.67亿元，环比增长39.4%。分银行类别来看，国有商业银行逾期垫款金额113.44亿元，占比32.7%，占比环比下降3.2个百分点；股份制商业银行逾期垫款金额123.72亿元，占比35.7%，占比环比下降0.5个百分点；其他金融机构[①]逾期垫款金额109.51亿元，占比31.6%，占比环比上升3.7个百分点。分地区来看，商业汇票逾期垫款金额排名居前四位的地区依次是浙江（115.91亿元）、江苏（34.43亿元）、广东（30.71亿元）、内蒙古（27.80亿元），四省（区）占比合计达60.2%。从商业汇票逾期垫款金额环比增长情况看，全国32个省（市、自治区）中，有9个地区商业汇票逾期垫款金额环比增速超过50%，占比接近三成。

① 包含城市商业银行、农村商业银行、农村信用社、外资银行、中国邮政储蓄银行等。

涉农金融机构[①]**票据逾期垫款金额占比环比有所下降。**截至第三季度末，涉农金融机构逾期垫款金额为48.58亿元，环比增长22.2%，占全国银行业金融机构商业汇票逾期垫款总金额的14.0%，占比较第二季度下降2.0个百分点，占比同比下降0.8个百分点（如图16）。

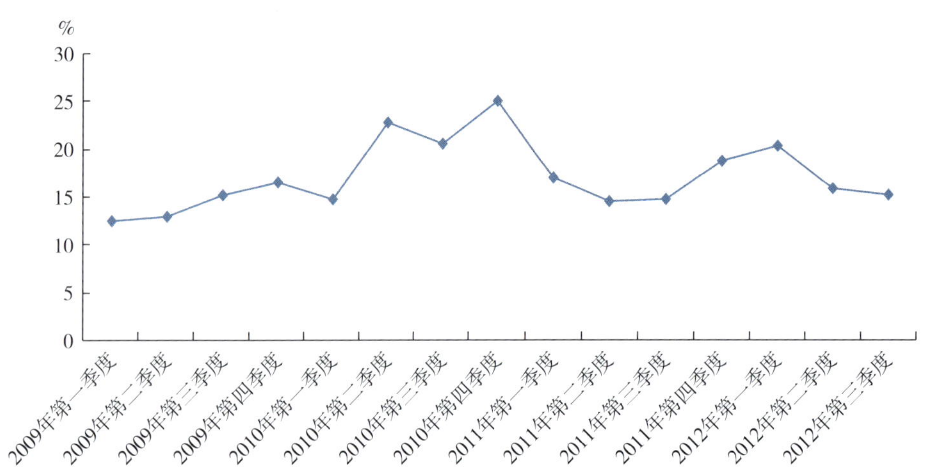

图16　2009年第一季度以来涉农金融机构商业汇票逾期垫款金额全国占比变动趋势图

3. 银行汇票、银行本票

银行汇票业务量同比持续下降，华东三省一市的银行汇票业务笔数占比同比有所上升，金额占比同比略有下降。第三季度，全国共发生银行汇票业务111.69万笔，金额6 024.38亿元，同比分别下降17.6%和16.4%（如图17）。其中，华东三省一市（上海、江苏、浙江和安徽）共办理银行汇票业务80.79万笔，金额4 472.99亿元，分别占全国业务量的72.3%和74.2%，笔数占比同比上升0.4个百分点，金额占比同比下降3.6个百分点（见表2）。

银行本票业务量同比下降。第三季度，全国共发生银行本票业务179.33万笔，金额17 306.24亿元，同比分别下降11.8%和23.0%（如图17）。其中，上海、江苏、浙江共发生银行本票业务176.02万笔、金额16 752.30亿元，分别占全国业务量的98.2%和96.8%，笔数占比同

① 包括中国农业银行、农村信用社和农村商业银行。

比上升0.2个百分点，金额占比同比上升0.1个百分点（见表3）。

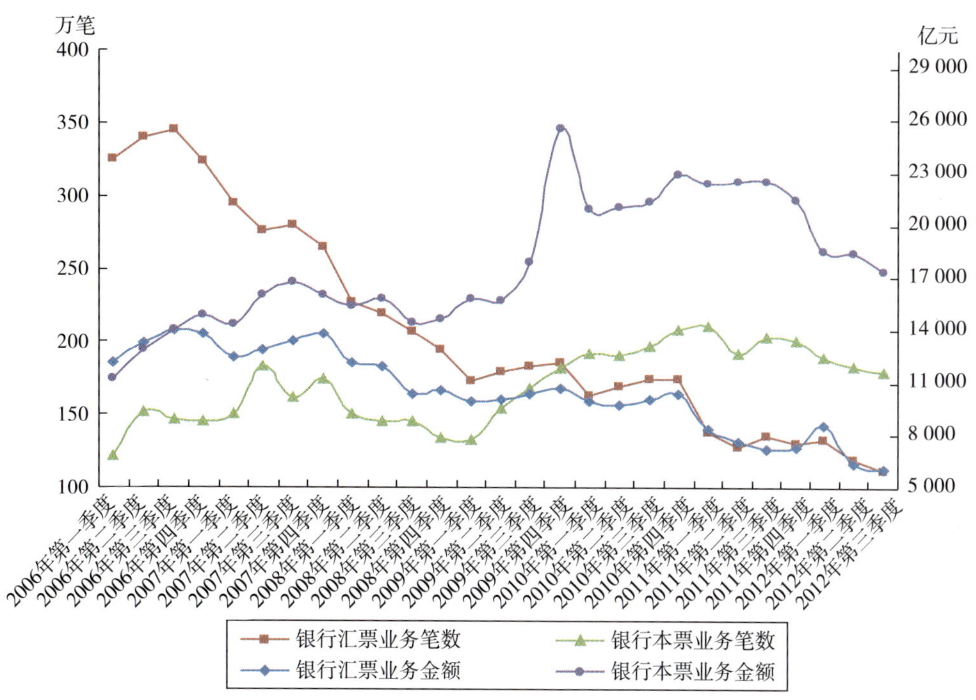

图17　2006年第一季度以来银行汇票和银行本票业务量变动趋势图

表2　2012年第三季度银行汇票业务对比表

单位：%、个百分点

地区	2012年第三季度		2011年第三季度		同比变动	
	笔数占比	金额占比	笔数占比	金额占比	笔数占比	金额占比
上海	0.9	1.2	0.9	1.7	0	-0.5
江苏	31.3	26.1	29.0	26.2	2.3	-0.1
浙江	11.1	27.4	14.1	34.6	-3.0	-7.2
安徽	29.0	19.5	27.9	15.3	1.1	4.2
其他地区	27.7	25.8	28.1	22.2	-0.4	3.6

表3　2012年第三季度银行本票业务对比表

单位：%、个百分点

地区	2012年第三季度		2011年第三季度		同比变动	
	笔数占比	金额占比	笔数占比	金额占比	笔数占比	金额占比
上海	11.5	7.8	12.0	8.1	-0.5	-0.3
江苏	38.7	32.4	37.8	33.0	0.9	-0.6
浙江	48.0	56.6	48.2	55.6	-0.2	1.0
其他地区	1.8	3.2	2.0	3.3	-0.2	-0.1

专栏1　河北省货币投放与非现金支付工具推广应用分析

为推动城乡和谐发展，贯彻落实党中央加强农村金融服务的精神，实现金融反哺农业，畅通国家支农惠农政策，人民银行石家庄中心支行大力推进农村地区支付体系发展，有效推动非现金支付工具在农村的普及应用，彻底改变了传统农村“现金为王”的金融支付格局，使非现金支付工具对现金的替代作用逐步显现。

一、河北省货币投放与非现金支付业务对比分析

按可比价格计算，河北省近五年GDP平均增速为11.34%，同期非现金支付业务量与现金投放量均保持了增长态势，河北省非现金支付业务近五年平均增幅为23.66%，高于GDP平均增速12.32个百分点，非现金支付业务金额与GDP的倍数逐年增长；而近五年河北省现金投放量平均增幅8.73%，低于GDP平均增速2.61个百分点，现金投放占全省GDP的比重逐年下降。非现金支付业务的迅猛增长，导致现金投放占GDP比重的下降，凸显了近年来支付体系建设特别是农村支付环境建设在促进民生、推动社会经济发展的积极作用。

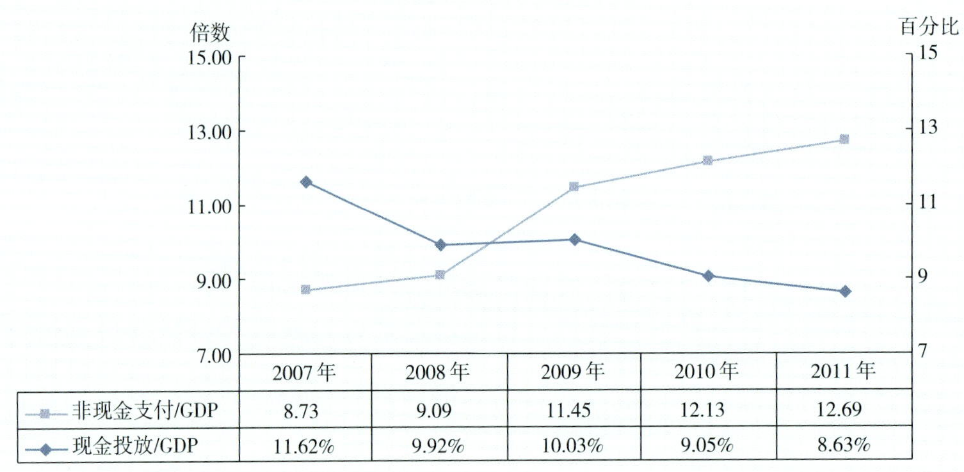

	2007年	2008年	2009年	2010年	2011年
非现金支付/GDP	8.73	9.09	11.45	12.13	12.69
现金投放/GDP	11.62%	9.92%	10.03%	9.05%	8.63%

河北省2007—2011年现金投放、非现金支付占GDP比重变动图

二、非现金支付助力县域支柱企业发展

非现金支付工具的推广应用在有效推动辖区经济和社会发展的同时，降低了企业财务成本，提高了资金运营效率，为县域企业发展带来了切实的经济和社会效益。石家庄中心支行选取了辖内廊坊市文安县支柱产业，对其近三年的非现金支付工具应用情况进行了调查。

专栏表 1-1　文安县非现金支付业务统计表　　单位：亿元

年份	现金结算量	非现金结算量	结算业务总量	非现金结算占比（%）
2009	700.04	1 529.49	2 229.53	68.60
2010	1 096.65	2 531.56	3 628.21	69.77
2011	1 104.02	3 591.98	4 696.00	76.49

胶合板经济是文安县的支柱产业，近年来该县非现金支付工具广泛应用，银行卡发卡量达到73.57万张，比2009年增加41.42万张；布放ATM 87台、POS机具373台、电话POS机10 465台，比2009年增加65台、346台和7 041台，网上银行客户11.91万户、手机银行客户3.59万户、电话银行客户6.74万户，分别比2009年增加10.49万户、2.19万户和5.36万户。

专栏表 1-2　文安县振宇木业有限公司非现金支付业务统计表

单位：亿元

年份	现金结算金额	非现金结算金额						非现金结算金额占比（%）
		转账支票	电汇	银行卡	转账电话	网上银行	合计	
2009	1.36	0.48	0.2	0.09	0.02	0.8	1.59	53.9
2010	1.02	0.3	0.21	0.12	0.03	1.2	1.86	64.6
2011	0.68	0.27	0.19	0.14	0.04	1.6	2.24	76.8

专栏表 1-3　廊坊市胜华木业有限公司非现金支付业务统计表

单位：亿元

年份	现金结算金额	非现金结算金额						非现金结算金额占比（%）
		转账支票	电汇	银行卡	转账电话	网上银行	合计	
2009	0.13	0.07	0.002	0	0.16	0.03	0.26	66.93
2010	0.03	0.11	0.002	0	0.4	0.12	0.62	95.57
2011	0.01	0.13	0.001	0.058	1.16	0.31	1.66	99.61

专栏表 1-4　廊坊市星驰木业有限公司非现金支付业务统计表

单位：亿元

年份	现金结算金额	非现金结算金额						非现金结算金额占比（%）
		转账支票	电汇	银行卡	转账电话	网上银行	合计	
2009	0.91	0.24	0.27	0.05	0.09	0.52	1.04	53.33
2010	0.14	0.30	0.30	0.10	0.21	0.66	1.57	71.69
2011	0.66	0.20	0.14	0.15	0.60	0.95	2.04	85.35

从表中可以看出，随着非现金支付工具的应用，企业非现金结算占企业结算资金比重稳中有升，现金结算比例不断萎缩，非现金结算成为企业生产经营过程中的重要结算手段，非现金支付优势凸显。

一是降低企业库存现金量，减少企业融资需求。非现金支付工具的使用直接降低了企业生产经营中的付现成本，提高了存货周转速度，降低了企业融资需求。如文安县振宇木业日现金库存由40万~50万元减少到20万元，以日最低节约现金20万元、年度存货周转5次计算，年减少企业运营成本需求100万元，降低筹资成本7万元。

二是减少人力物力，节约企业费用。企业采购原材料或厂家提货时，通过网银、转账电话等结算工具即时到账，节省了到银行排队时间，大大降低了企业往返银行存取现金的用工、车辆耗油等费用成本，也减少了大量现金库存的保管成本。如廊坊市胜华木业使用转账电话和网银办理结算业务以来，仅用工、耗油费用年节约财务成本25万元。该企业现有职工243人，按人均月工资3 500元计算，月支付工人工资的现金用量达85万元。2011年该企业在左各庄信用社开办了代发工资业务，目前95%的工人工资通过打卡发放，仅此一项每年可减少现金用量1 000万元，可节约财务用工费用17万元。

三是降低了企业潜在的风险隐患。非现金支付工具的使用在节约企业费用、加快资金周转速度的同时，企业的资金安全系数明显提高，明显降低了现金被盗抢的潜在风险隐患。如廊坊星驰木业目前已很少使用现金结算，70%的结算业务通过网上银行和转账电话办理，基本实现了企业结算环节的零风险，给企业带来了无形的经济效益。

（中国人民银行石家庄中心支行支付结算处供稿）

（二）银行卡

1. 银行卡发卡

银行卡发卡机构继续增加。截至2012年第三季度末，加入银联网络的成员机构共有363家，较第二季度末增加27家。其中，境内成员机构281家，境外成员机构82家。

银行卡发卡量持续增长，借记卡发卡量突破30亿张。截至第三季度末，全国发行银行卡339 974.84万张（如图18），同比增长21.2%，增速较上年同期加快 3.3 个百分点；较第二季度末增加 17 489.85 万张，增长 5.4%。其中，借记卡发卡量为 308 198.56 万张，环比增长 5.5%，同比增长 21.4%，同比增速较上年同期加快 3.8 个百分点；信用卡发卡量为 31 776.28 万张，环比增长 5.1%，同比增长 18.8%，同比增速较上年同期放缓 1.5 个百分点（如图 19）。

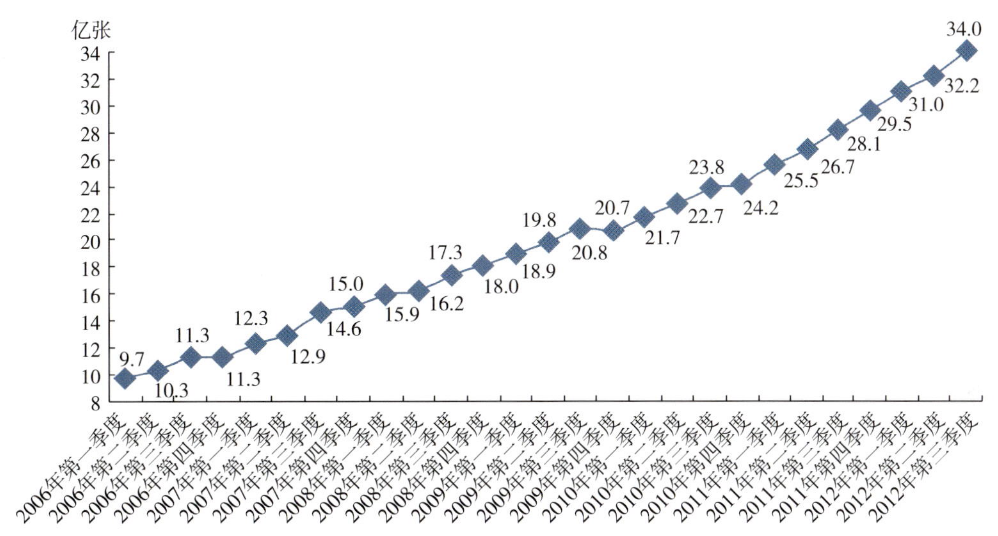

图 18　2006 年第一季度以来银行卡季末存量变动趋势图

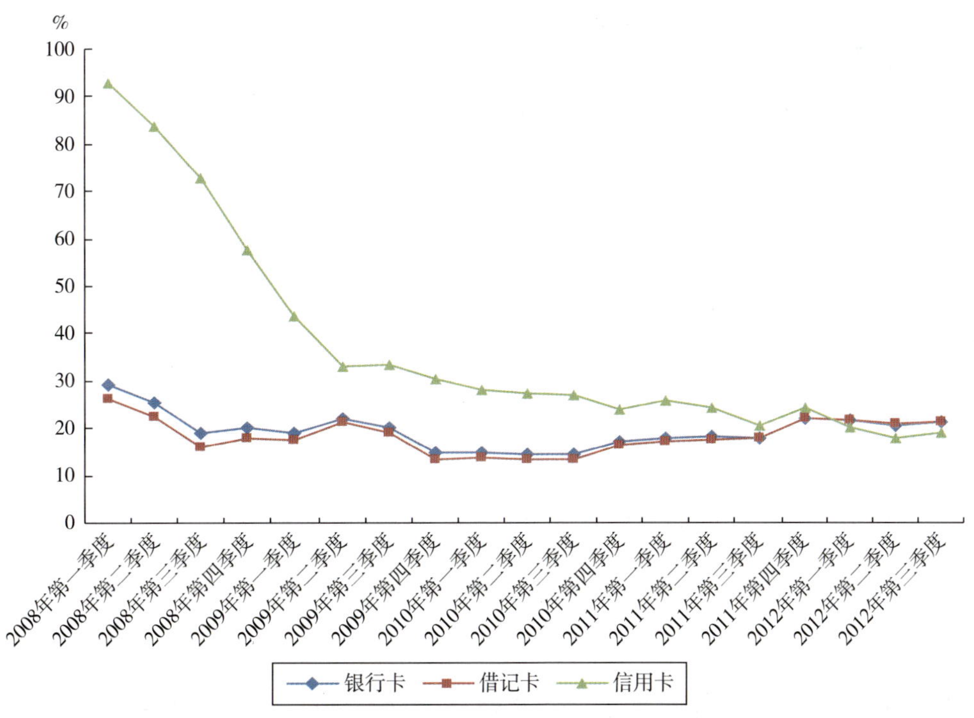

图 19　2008 年第一季度以来银行卡、借记卡、信用卡同比增幅变动示意图

借记卡发卡量占银行卡发卡总量的比例小幅上升。截至第三季度末，借记卡占银行卡发卡量的90.7%，占比较上年同期上升0.2个百分点，环比上升0.1个百分点。借记卡发卡量与信用卡发卡量之间的比例约为9.70:1，高于第二季度末比例，信用卡发卡量占比小幅下降（如图20）。

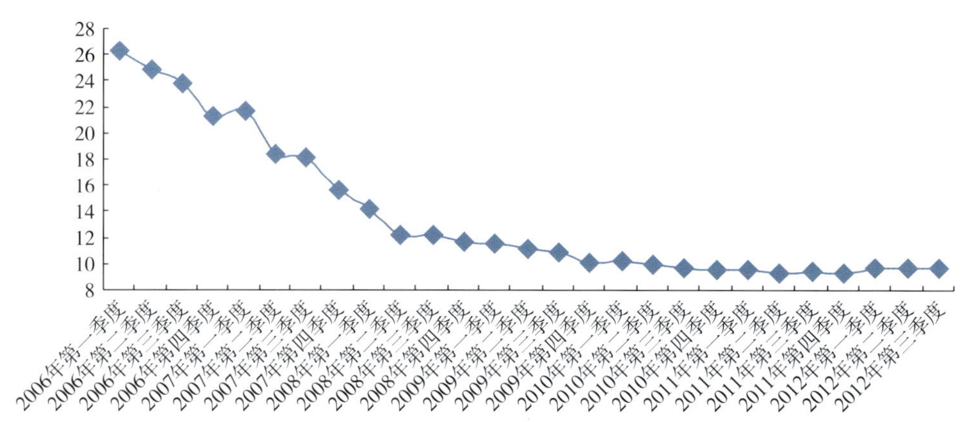

图20　2006年第一季度以来借记卡与信用卡发卡季末存量比例变动示意图

国有商业银行、股份制商业银行、中国邮政储蓄银行发卡市场份额同比略有下降，农村商业银行和农村信用社发卡市场份额同比略有上升。截至第三季度末，国有商业银行发卡175 133.49万张，占银行卡发卡量的51.6%，占比较上年同期回落0.6个百分点；股份制商业银行发卡49 444.31万张，占银行卡发卡量的14.5%，占比同比回落0.7个百分点；城市商业银行发卡18 358.48万张，占银行卡发卡量的5.4%，占比与上年同期持平；中国邮政储蓄银行发卡56 783.31万张，占银行卡发卡量的16.7%，占比同比回落0.2个百分点；农村商业银行发卡16 039.45万张，占银行卡发卡量的4.7%，占比同比上升0.6个百分点；农村信用社发卡24 075.59万张，占银行卡发卡量的7.1%，占比同比上升0.9个百分点（如图21、图22）。

信用卡发卡市场集中度依然较高，国有商业银行信用卡发卡市场份额略有下降，股份制商业银行信用卡发卡市场份额略有上升。截至第三

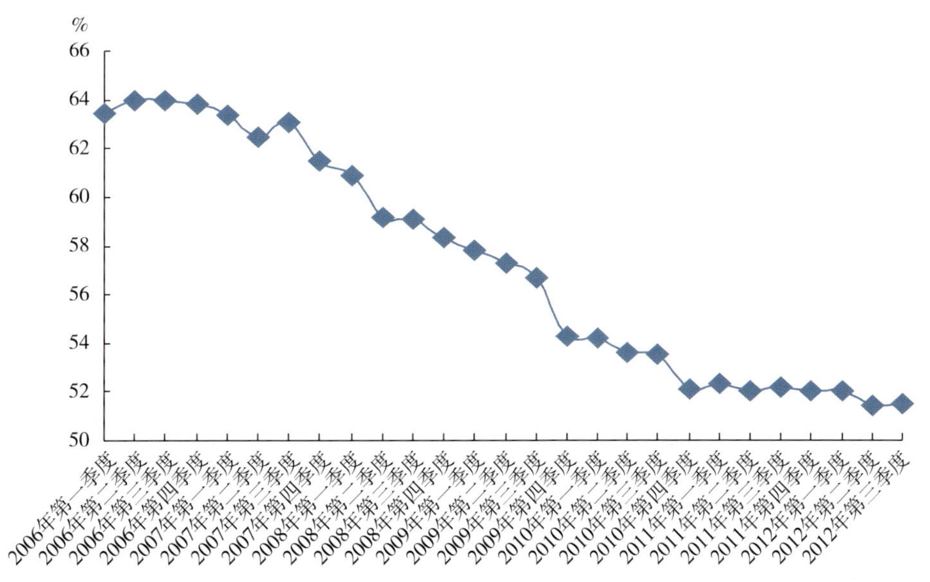

图 21　2006 年第一季度以来国有商业银行发卡量占比变动示意图

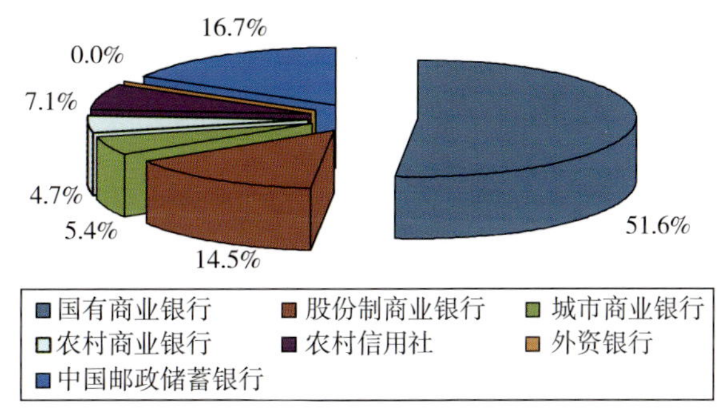

图 22　2012 年第三季度末行别间发卡量占比示意图

季度末，国有商业银行发行信用卡 18 658.27 万张，同比增长 15.3%，占全国信用卡发卡总量的 58.7%，占比同比下降 1.8 个百分点，环比下降 0.5 个百分点；股份制商业银行发行信用卡 11 351.84 万张，同比增长 22.5%，占全国信用卡发卡总量的 35.7%，占比同比上升 1.0 个百分点，环比上升 0.4 个百分点。截至第三季度末，信用卡发卡量居前 5 位的银行共计发行信用卡 21 123.14 万张，占全国信用卡发卡总量的 66.5%，占比较第二季度下降 0.4 个百分点，信用卡发卡市场集中度依然较高（如图 23）。

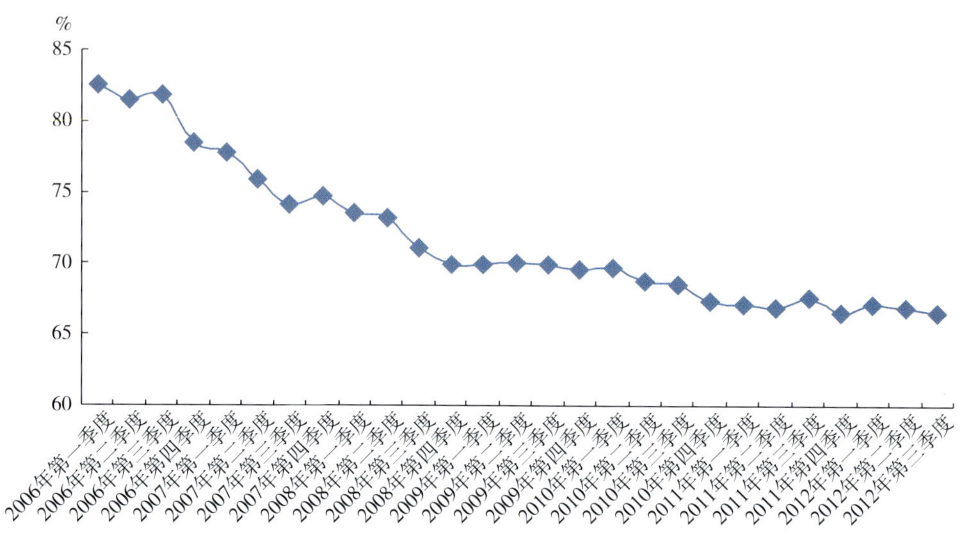

图 23　2006 年第一季度以来信用卡发卡市场集中度示意图

各省（市、自治区）人均银行卡拥有量均突破 1 张，经济较发达地区人均银行卡拥有量①继续保持较快增长。截至第三季度末，全国人均②银行卡拥有量为 2.54 张，其中，超过 3 张的省（市）依次为北京、天津、上海、广东、浙江、福建和江苏，人均银行卡拥有量分别为 7.61 张、6.74 张、5.68 张、4.12 张、3.97 张、3.61 张和 3.43 张，环比分别增加 0.23 张、0.18 张、0.18 张、0.18 张、0.20 张、0.16 张和 0.14 张，远高于全国平均水平；云南人均银行卡拥有量为 1.35 张，西藏人均银行卡拥有量首次突破 1 张，达到 1.03 张，两地人均银行卡拥有量环比分别增加 0.07 张和 0.28 张（如图 24）。

人均信用卡拥有量地区间差异较大。截至第三季度末，全国人均信用卡拥有量为 0.24 张，与第二季度持平。从各省（市、自治区）具体情况来看，北京、上海人均信用卡拥有量大于 1 张，远高于全国平均水平（见表 4），西藏人均信用卡拥有量为 0.04 张。

① 各省（市、自治区）人口数据来源于国家统计局《2010 年第六次全国人口普查主要数据公报（第 2 号）》，下同。

② 全国数据来源于国家统计局《2010 年第六次全国人口普查主要数据公报（第 1 号）》，下同。

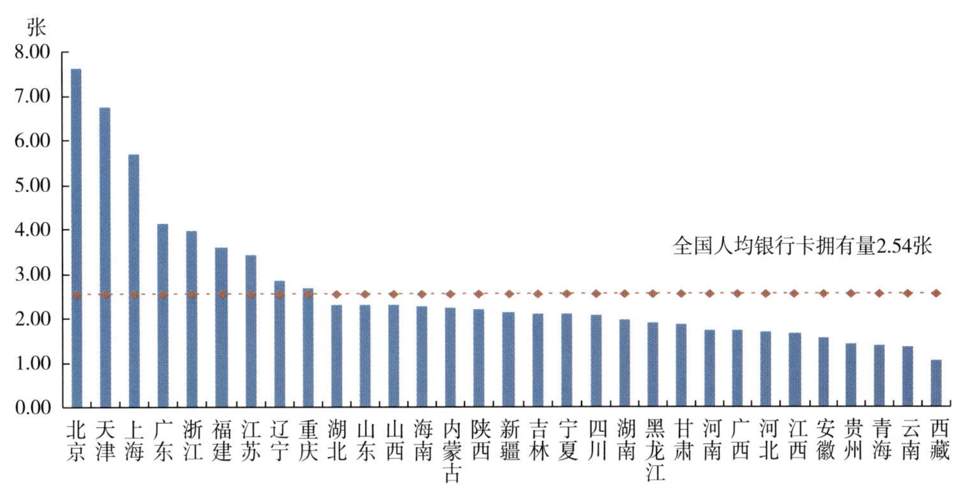

图 24　2012 年第三季度末全国各省（市、自治区）银行卡人均拥有量对比图

表 4　2012 年第三季度末我国部分地区人均信用卡拥有量统计表

单位：万张、张/人

地区	信用卡发卡量	信用卡人均拥有量
北京	2 753. 91	1. 40
上海	2 555. 90	1. 11
天津	740. 17	0. 57
浙江	2 744. 49	0. 50
广东	4 452. 41	0. 43
福建	1 309. 30	0. 35

2. 银行卡受理

截至 2012 年第三季度末，银行卡跨行支付系统联网商户 438. 92 万户，联网 POS 机具 668. 90 万台，ATM39. 14 万台，较第二季度末分别增加 50. 67 万户、74. 81 万台和 1. 84 万台（如图 25）。

银行卡受理环境不断改善。截至第三季度末，我国每台 ATM 对应的银行卡数量为 8 686 张，同比减少 4. 3%；每台 POS 对应的银行卡数量为 508 张，同比减少 20. 6%（如图 26）。

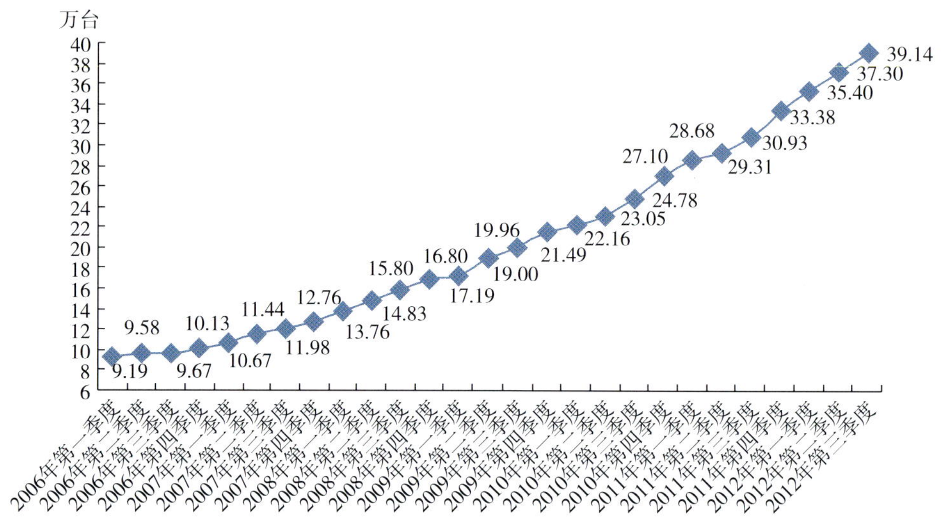

图 25　2006 年第一季度以来全国 ATM 终端布放情况示意图

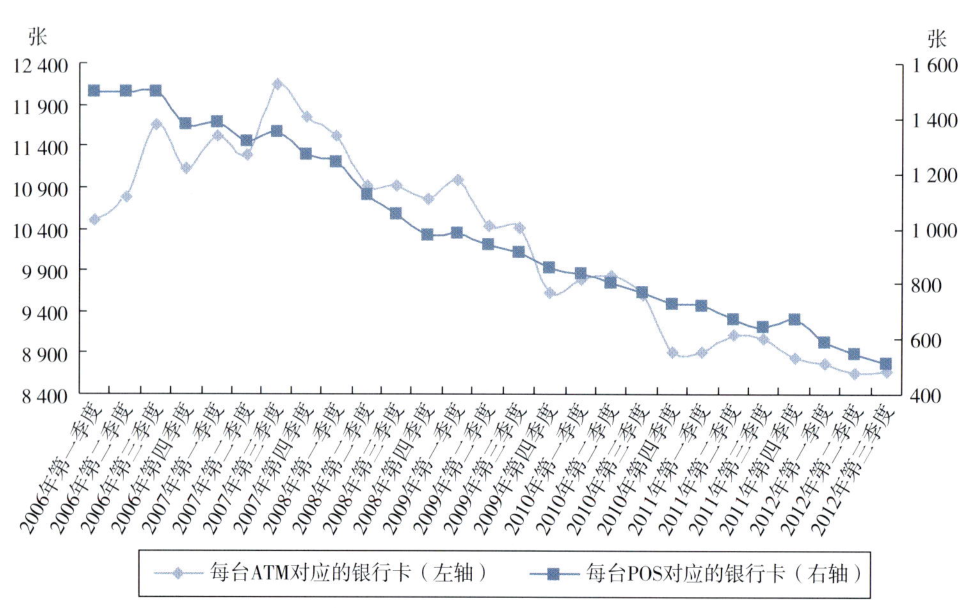

图 26　2006 年第一季度以来我国每台 POS、ATM 对应的银行卡数量示意图

银行卡受理环境持续改善，全国每万人对应 ATM 数量快速增长。截至第三季度末，全国平均每万人对应 ATM 数量为 2.92 台，同比增长 25.9%。其中北京、上海、浙江、福建和广东名列前五名，每万人对应 ATM 数量分别为 8.47 台、7.18 台、5.91 台、4.85 台和 4.80 台（如图 27）。

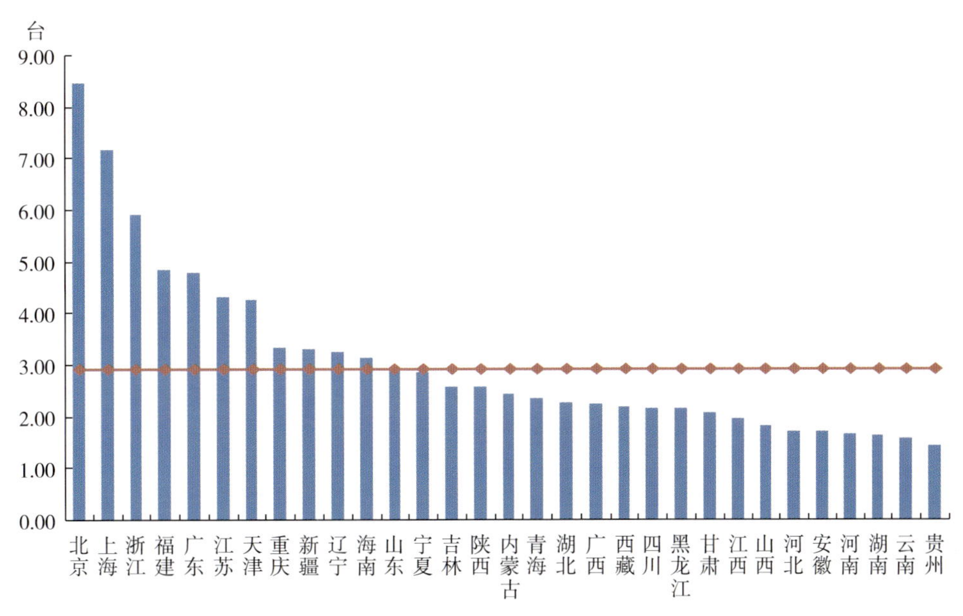

图 27　2012 年第三季度我国各省（市、自治区）每万人对应 ATM 数量对比图

3. 银行卡业务

银行卡业务笔数增速加快，金额增速放缓。第三季度，全国共发生银行卡业务 1 007 828. 44 万笔，同比增长 25. 0%，增速较上年同期加快 3. 9 个百分点；金额 881 974. 10 亿元，同比增长 5. 2%，增速较上年同期放缓 27. 2 个百分点。第三季度日均发生银行卡业务 10 954. 66 万笔，金额 9 586. 68 亿元[①]，环比分别增长 5. 3% 和 5. 6%（如图 28）。

各类银行卡业务笔数保持增长态势，金额同比增速放缓。第三季度，银行卡存现业务 177 271. 57 万笔，金额 147 185. 65 亿元，同比分别增长 28. 2% 和 12. 8%，笔数增速较上年同期加快 11. 1 个百分点，金额增速较上年同期放缓 6. 4 个百分点；银行卡取现业务 417 198. 86 万笔，金额 156 929. 81 亿元，同比分别增长 17. 9% 和 11. 3%，增速较上年同期分别加快 0. 3 个百分点和 5. 1 个百分点；银行卡消费业务 230 903. 66 万笔，金额 55 625. 01 亿元，同比分别增长 40. 8% 和 36. 6%，笔数增速较上年同期加快 10. 6 个百分点，金额增速较上年同期回落 20. 3 个百分点；

① 2012 年第三季度 92 个自然日，此处按自然日计算。

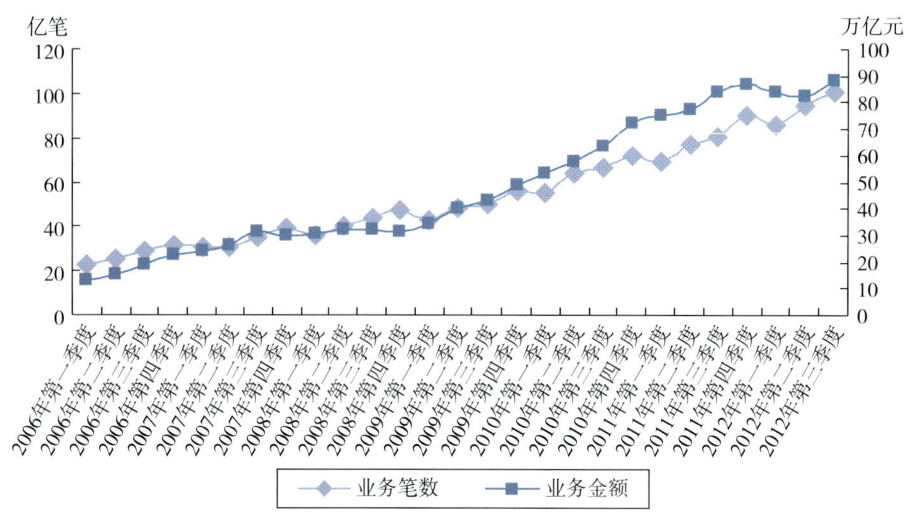

图 28　2006 年第一季度以来银行卡业务量变动示意图

银行卡转账业务 182 454. 36 万笔，金额 522 233. 64 亿元，笔数同比增长 21. 3%，金额同比下降 0. 7%，增速较上年同期分别放缓 3. 1 个百分点和 44. 9 个百分点（如图 29）。

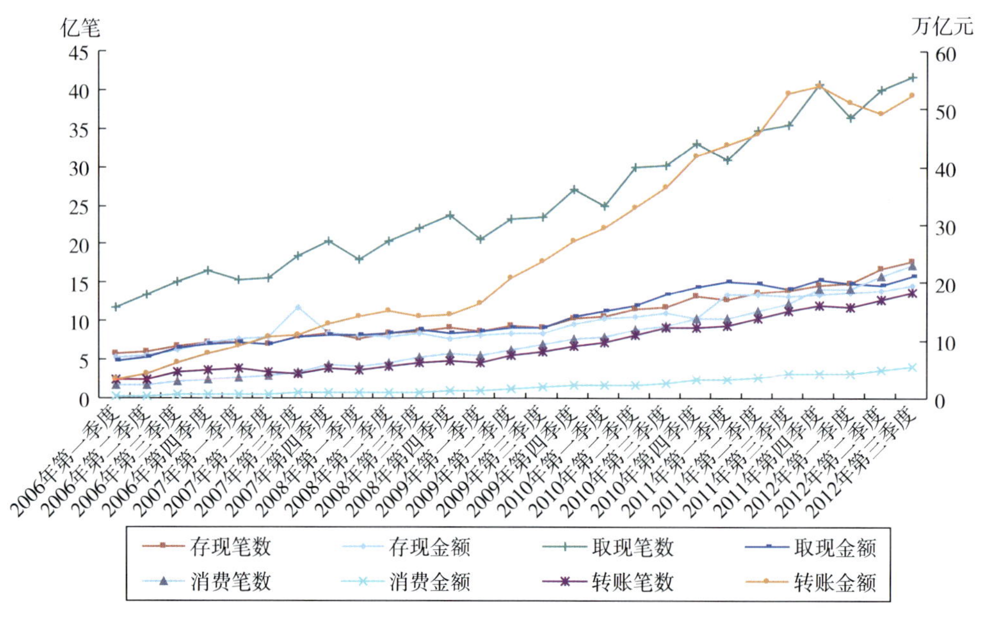

图 29　2006 年第一季度以来银行存取现、消费、转账笔数和金额变动示意图

银行卡存现、取现业务笔数占比同比小幅下降，金额占比同比小幅上升，消费业务占比同比小幅上升，转账业务占比同比小幅下降。第三季度，银行卡存现、取现业务合计笔数、金额占银行卡业务总量的

59.0%和34.5%，笔数占比同比回落2.0个百分点，金额占比同比上升2.1个百分点。银行卡消费业务笔数、金额分别占银行卡业务总量的22.9%和6.3%，占比同比分别上升2.6个百分点和1.4个百分点。银行卡转账业务笔数、金额占银行卡业务量的18.1%和59.2%，占比同比分别回落0.6个百分点和3.5个百分点（如图30、图31）。银行卡的应用范围不断延伸，非现金支付功能逐步显现。

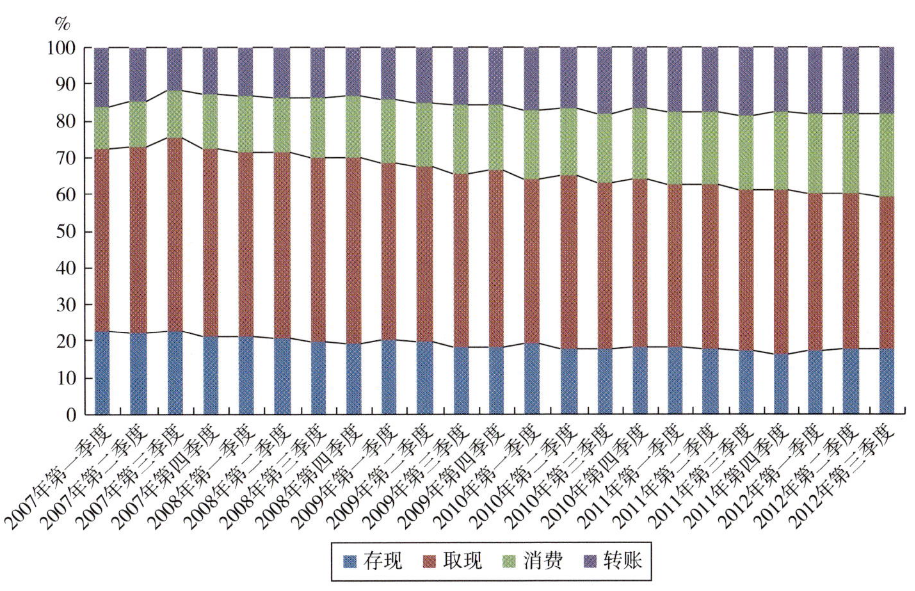

图30　2007年第一季度以来银行卡业务笔数占比变动示意图

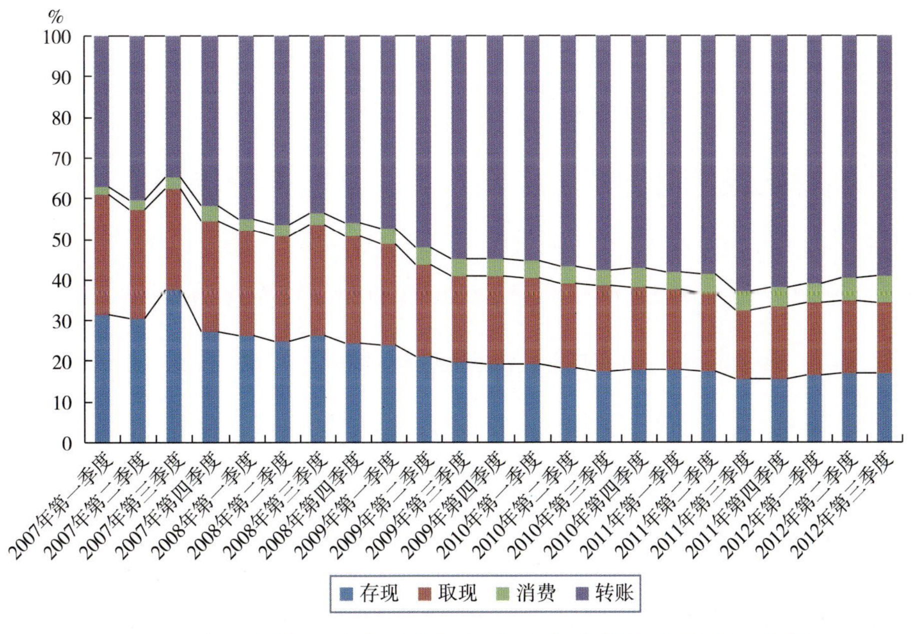

图31　2007年第一季度以来银行卡业务金额占比变动示意图

银行卡消费业务同比快速增长，银行卡渗透率持续提高。第三季度，银行卡消费业务230 903.66万笔，金额55 625.01亿元，同比分别增长40.8%和36.6%（如图32）。第三季度全国社会消费品零售总额51 200.40亿元，同比增长13.8%。银行卡渗透率达到46.3%，较上年同期提高6.1个百分点。银行卡消费在提升即期消费意愿、促进社会消费品零售市场、推动国民经济发展中发挥的作用日益显著。

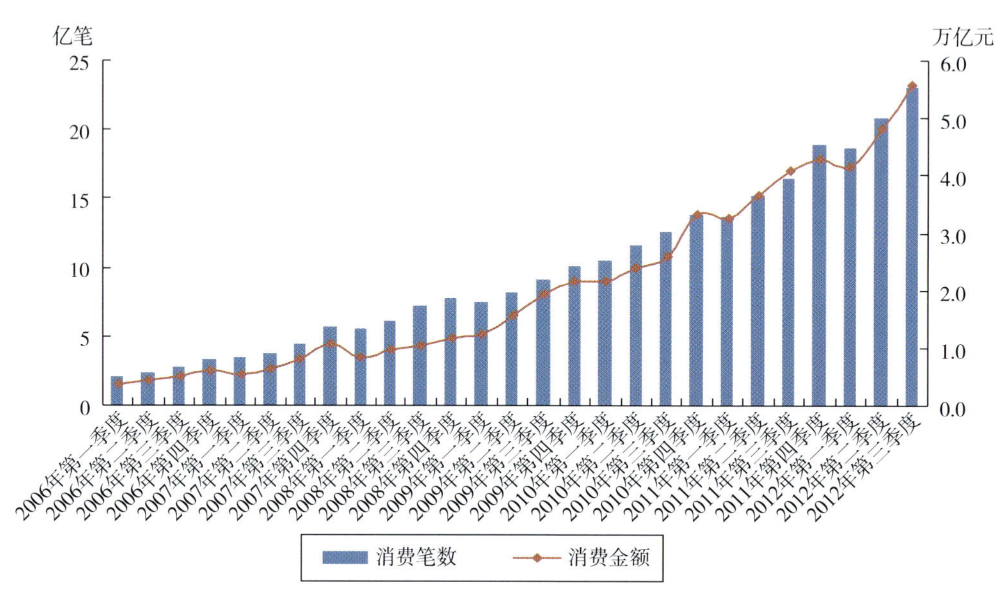

图32　2006年第一季度以来银行卡业务消费笔数、金额变动示意图

银行卡卡均消费金额同比持续增长，笔均消费金额同比小幅下降，卡均、笔均消费金额环比均有增长。第三季度，全国银行卡卡均消费金额为1 804.84元，同比增长24.3%，笔均消费金额2 409.01元，同比下降3.0%。卡均、笔均消费金额环比分别增长20.7%和4.4%（如图33）。近年来，我国银行卡笔均消费金额持续下降，社会公众持卡用卡消费意识不断增长，使用银行卡进行日常零售支付的习惯逐渐形成。

全国人均银行卡消费金额同比增长较快，浙江成为继北京、上海之后，人均银行卡消费金额超过1万元的地区。第三季度，全国人均银行卡消费金额4 151.97元，同比增长35.9%。其中，北京、上海、浙江、福建、天津、江苏、广东、河南等8个省（市）人均银行卡消费金额高

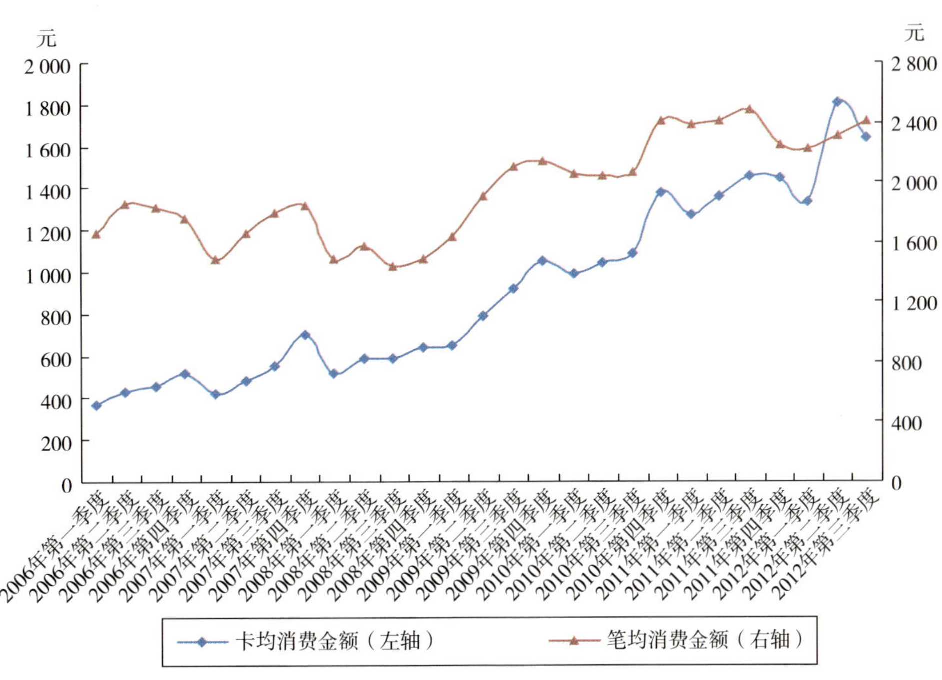

图 33　2006 年第一季度以来全国卡均消费金额、笔均消费金额变动示意图

于全国平均水平，分别达到 16 169. 25 元、13 564. 59 元、10 254. 59 元、7 216. 80 元、7 029. 73 元、5 927. 40 元、4 682. 34 元和 4 419. 71 元（如图 34）。

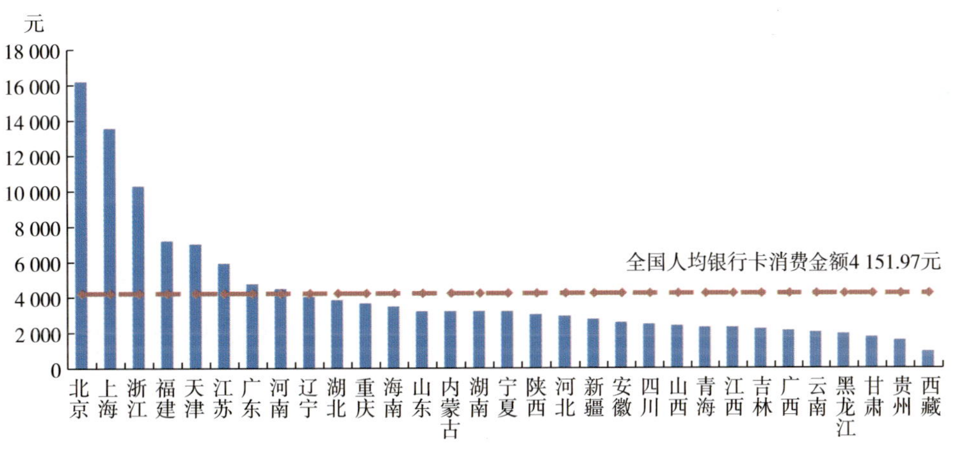

图 34　2012 年第三季度我国各省（市、自治区）人均银行卡消费金额示意图

银行卡跨行消费业务量持续增长，但占银行卡消费业务量的比例略有下降。第三季度，银行卡跨行消费业务 144 556. 92 万笔，金额 44 008. 52亿元，同比分别增长 22. 2% 和 33. 5%，分别占银行卡消费业

务量的62.6%和79.1%，占比同比分别下降9.5个百分点和1.8个百分点（如图35）。

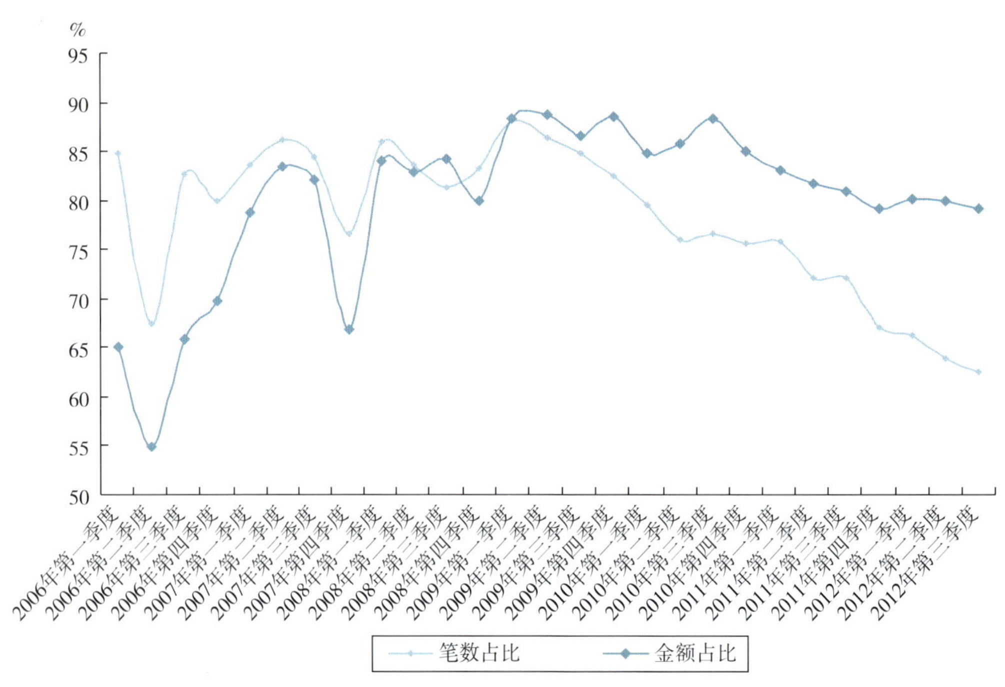

图35　2006年第一季度以来银行卡跨行消费交易占银行卡消费交易示意图

农民工银行卡特色服务业务量持续快速增长。截至第三季度末，贵州、湖南等26个省（市、自治区）辖内6.44万个县及县以下的农村金融机构营业网点、全国31个省（市、自治区）辖内2.52万个县及县以下的中国邮政储蓄银行营业网点开通了农民工银行卡特色服务受理方业务。第三季度，农民工银行卡特色服务取款业务420.39万笔，金额48.18亿元，分别较上年同期增长8.6%和6.2%。其中，中国邮政储蓄银行共办理农民工银行卡特色服务取款业务54.85万笔，金额5.91亿元，分别占农民工银行卡特色服务取款业务量的13.1%和12.3%。

信用卡授信总额快速增长，信用卡期末应偿信贷总额（信用卡透支余额）同比、环比持续增加。截至第三季度末，信用卡授信总额33 341.56亿元，同比增长36.3%，较第二季度末增加3 424.03亿元，增长11.4%；期末应偿信贷总额10 035.47亿元，同比增长44.8%，较第二季度末增加1 423.35亿元，增长16.5%（如图36）。

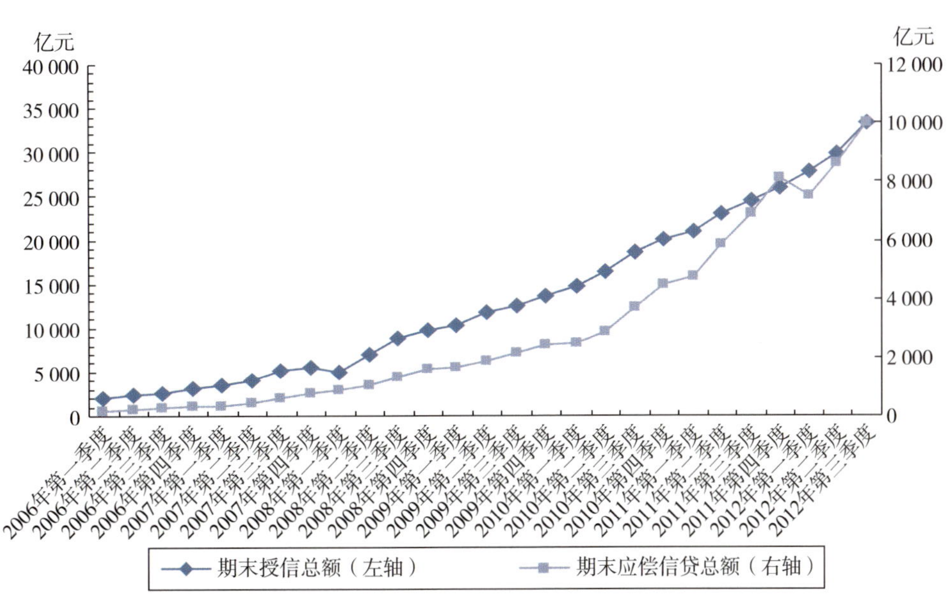

图 36　2006 年第一季度以来信用卡期末授信总额、期末应偿信贷总额趋势图

信用卡逾期半年未偿信贷总额小幅增长，占期末应偿信贷总额比例略有下降；国有商业银行、股份制商业银行、城市商业银行信用卡逾期半年未偿信贷总额占比均小幅下降。截至第三季度末，信用卡逾期半年未偿信贷总额 144.30 亿元，较第二季度末增加 11.64 亿元，增长 8.8%；信用卡逾期半年未偿信贷总额占期末应偿信贷总额的 1.4%，占比较第二季度下降 0.1 个百分点（如图 37）。第三季度，国有商业银行信用卡

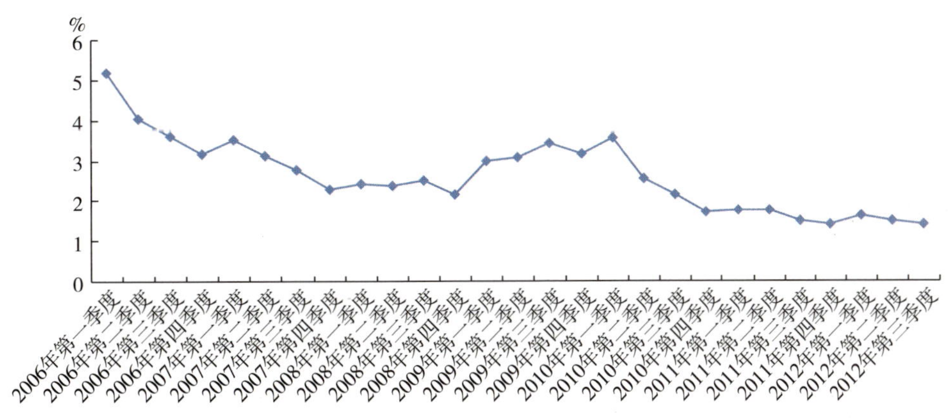

图 37　2006 年第一季度以来信用卡逾期半年未偿信贷总额占期末应偿信贷总额比例趋势图

逾期半年未偿信贷总额占期末应偿信贷总额的比例为1.0%，占比较第二季度下降0.1个百分点；股份制商业银行和城市商业银行信用卡逾期半年未偿信贷总额占期末应偿信贷总额的比例分别为2.0%和0.9%，占比均较第二季度下降0.2个百分点。

（三）结算方式

汇兑、委托收款等其他业务持续保持快速增长。第三季度，全国共发生汇兑、委托收款等其他业务37 458.28万笔，金额1 656 114.37亿元，同比分别增长20.2%和33.4%，增速较上年同期分别加快7.4个百分点和6.3个百分点。其中，汇兑业务36 623.27万笔，金额1 620 012.96亿元，同比分别增长20.6%和34.3%，增速较上年同期分别加快7.5个百分点和6.6个百分点（如图38）。

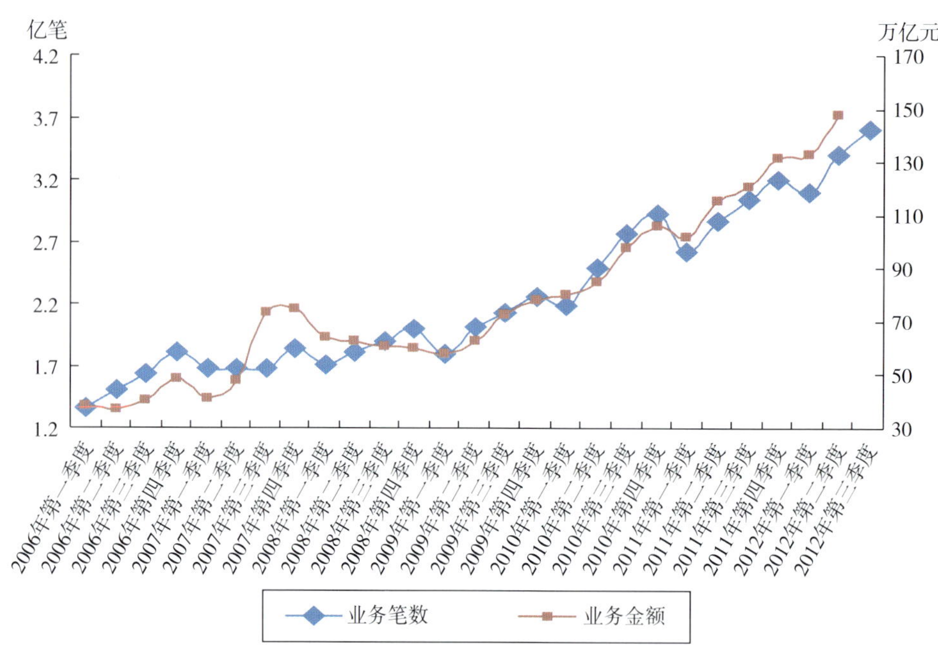

图38　2006年第一季度以来汇兑业务交易量季度变动趋势图

二、支付系统

第三季度，支付系统平稳、高效运行，处理的支付业务总金额突破650万亿元。

第三季度，支付系统①共处理支付业务495 823.01万笔，金额6 546 418.10亿元，同比分别增长24.0%和28.1%，笔数增速较上年同期加快2.3个百分点，金额增速较上年同期加快15.0个百分点；笔数环比增长7.8%，增速较第二季度加快0.1个百分点，金额环比增长4.9%，增速较第二季度放缓8.9个百分点（如图39、见表5）。

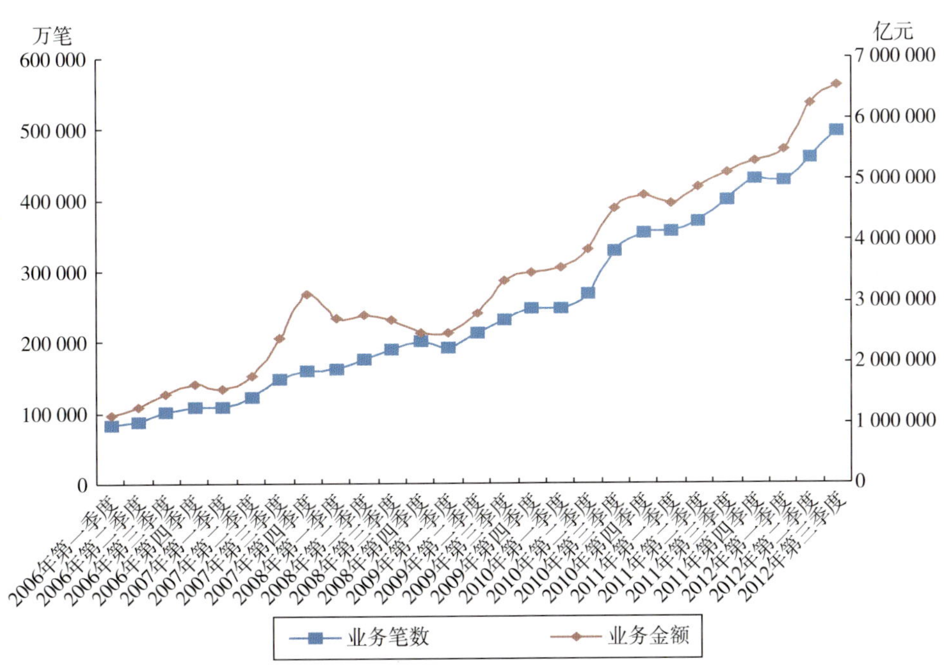

图39　2006年第一季度以来支付系统业务量变动趋势图

① 支付系统包含大额实时支付系统、小额批量支付系统、同城票据清算系统、境内外币支付系统、网上支付跨行清算系统、银行业金融机构行内支付系统、银行卡跨行支付系统等7个系统。

表5　2012年第三季度支付系统业务量统计表

单位：万笔、亿元、%

系统名称	笔数	金额	笔数占比	金额占比
大额实时支付系统	12 559.83	4 634 944.88	2.5	70.8
小额批量支付系统	20 166.44	44 964.91	4.1	0.7
网上支付跨行清算系统	7 476.45	10 032.81	1.5	0.2
同城票据清算系统	10 357.32	169 643.89	2.1	2.6
境内外币支付系统	30.92	9 342.56	0.0	0.1
银行业金融机构行内支付系统	229 758.63	1 625 050.14	46.3	24.8
银行卡跨行支付系统	215 473.42	52 438.91	43.5	0.8
合计	495 823.01	6 546 418.10	100.0	100.0

省（市、自治区）辖内资金流动总量占比较第二季度小幅下降。从支付系统资金往来情况[①]看，第三季度，全国各省（市、自治区）辖内资金流动总量占全国资金流动总量的比例由第二季度的49.5%下降至49.0%，19个省（市、自治区）的辖内资金流动量超过本省（市、自治区）资金流动总量的50%。辖内资金流动量占比最高的5个省依次是浙江、云南、山东、山西和陕西，上述地区58.5%以上的资金流动总量是在辖内完成的。辖内资金流动量占比最低的5个省（市）是福建、吉林、天津、深圳和上海，依次为29.0%、38.4%、39.3%、40.0%和40.4%（如图40）。

北京、上海和广东[②]三地依然是我国重要的资金集散地，三地资金流动量占全国资金流动总量的比例较第二季度略有下降。

第三季度，处理资金总量最大的三个地区仍然是北京、上海和广东，这三个地区的资金流动总量分别占全国资金流动总量的29.0%、12.9%和10.9%，三地资金流动总量占全国总量的52.8%（如图41），占比较第二季度下降3.5个百分点。从资金量的变动情况看，上海资金流动总量占比环比上升0.4个百分点，北京、广东占比环比分别下降3.7个百分点和0.2个百分点。

---

① 包含大额实时支付系统、小额批量支付系统、银行业金融机构行内支付系统3个系统处理的资金交易。

② 含深圳市。

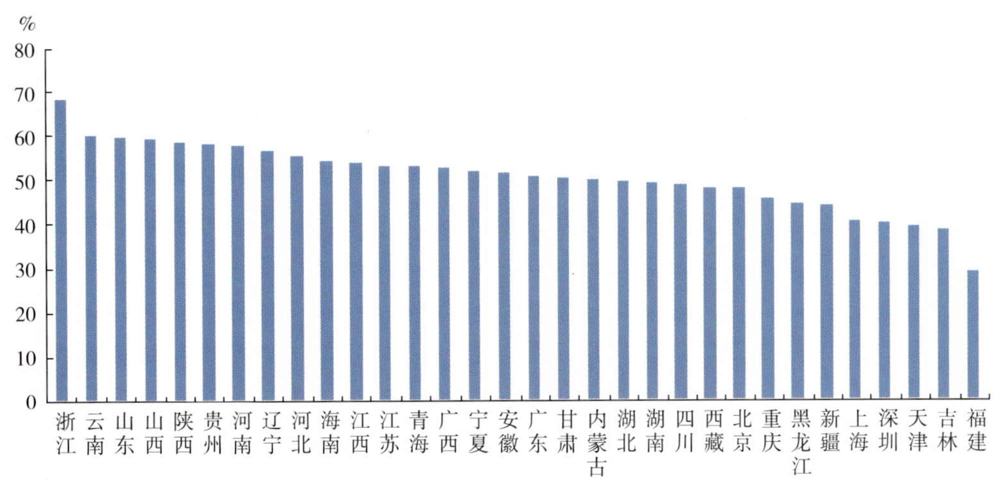

图 40　2012 年第三季度各地区辖内资金业务量占比图

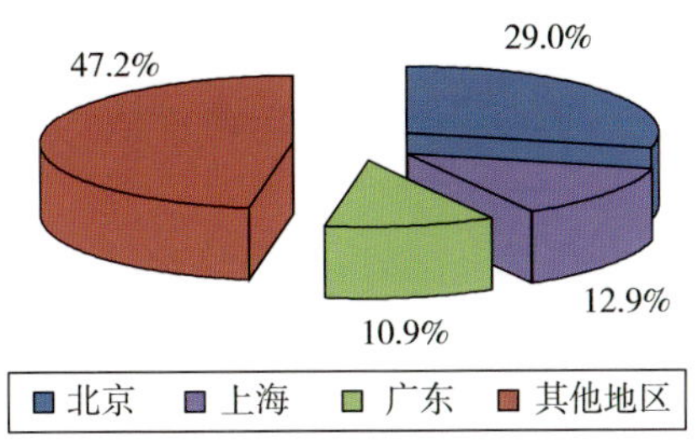

图 41　全国资金流动总量地区间占比示意图

贵州和福建分别成为全国最大的资金净流入地和资金净流出地。从第三季度地区间资金①流动来看，居全国资金净流入量前五位的地区依次为贵州、深圳、广东、天津和江苏，资金净流入量分别为 212 252.11 亿元、8 124.44 亿元、2 845.91 亿元、1 754.67 亿元和 1 367.24 亿元；居全国资金净流出量前五位的地区依次是福建、上海、北京、湖北和新疆，资金净流出量分别为 111 525.90 亿元、92 352.55 亿元、12 222.24 亿元、7 514.80 亿元和 1 238.61 亿元（如图 42）。

① 包含大额实时支付系统、小额批量支付系统、银行业金融机构行内支付系统转移资金。

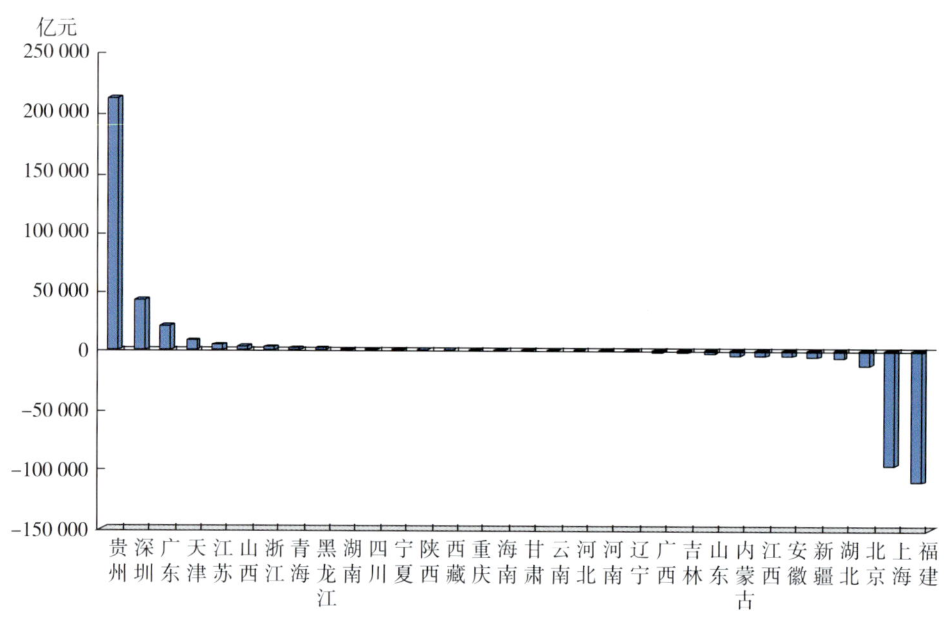

图 42　2012 年第三季度地区间资金流入流出图

（一）大额实时支付系统

大额实时支付系统处理业务笔数及日均笔数均超过上年同期规模，业务量持续攀升。第三季度，大额实时支付系统处理业务 12 559.84 万笔，金额 4 634 944.88 亿元，同比分别增长 27.1% 和 33.1%，业务金额是第三季度全国 GDP 总量的 36.91 倍，较第二季度有所下降；日均处理业务 190.30 万笔，金额 70 226.44 亿元①，同比分别增长 25.2% 和 31.1%，笔数环比增加 7.03 万笔，金额环比减少 2 956.25 亿元（如图 43、图 44）。

第三季度，大额实时支付系统完成债券交易结算业务②资金清算 10.26 万笔，金额 205 345.65 亿元，环比分别下降 2.2% 和 3.3%，日均 DVP 结算 3 111.30 亿元；完成外汇交易 0.09 万笔，金额 6 595.90 亿元，笔数环比增长 12.5%，金额环比下降 3.6 %；完成同业拆借资金 0.45 万

① 2012 年第三季度大额实时支付系统实际运行 66 个工作日，此处按实际运行工作日计算。

② 债券交易结算业务、外汇交易、同业拆借业务数据均来源于中国人民银行支付信息管理系统（PMIS）。

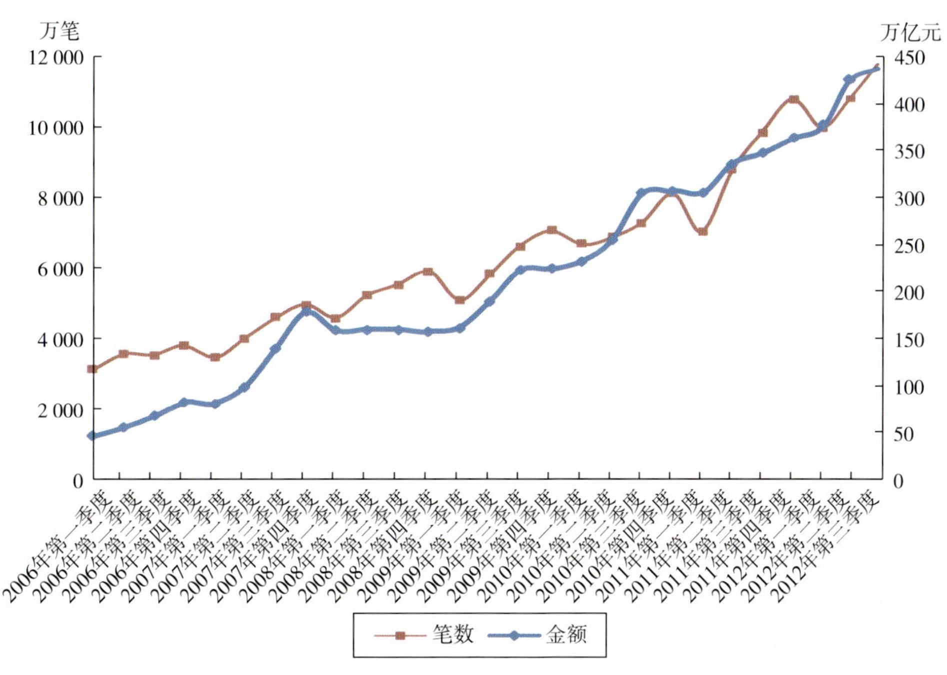

图 43　2006 年第一季度以来大额实时支付系统业务量季度变动趋势图

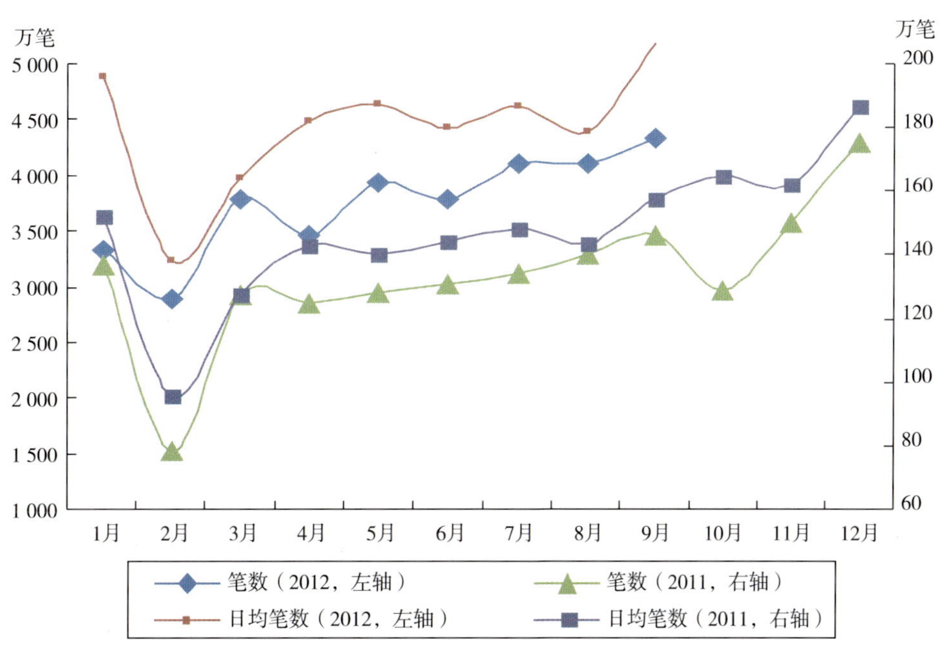

图 44　大额实时支付系统业务笔数及日均业务笔数月度走势图

笔，金额 24 098.54 亿元，环比分别下降 4.3% 和 19.1%。

大额实时支付系统业务量地区集中度小幅下降。从地区间资金分布情况看，业务笔数居前五位的分别是浙江、广东、江苏、山东和上海五省（市），业务笔数合计5 399.89万笔，占全国大额实时支付系统业务量的43.0%，占比同比回落0.6个百分点；业务金额位于前五位的分别是北京、上海、江苏、广东和深圳五省（市），业务金额合计2 939 153.07亿元，占全国大额实时支付系统业务金额的63.4%，占比同比上升0.1个百分点（见表6、表7）。

表6 大额实时支付系统业务笔数地区间占比变动统计表

单位：万笔、%、个百分点

地区	2012年第三季度	占比	2011年第三季度	占比	占比增长
浙江	1 331.75	10.6	1 066.76	10.8	-0.2
广东	1 254.83	10.0	1 034.68	11.5	-1.5
江苏	1 148.28	9.1	895.36	9.1	0
山东	915.03	7.3	685.55	6.9	0.4
上海	750.00	6.0	624.42	6.3	-0.3
其他省份	7 159.94	57.0	5 572.4	56.3	0.7

表7 大额实时支付系统业务金额地区间占比变动统计表

单位：亿元、%、个百分点

地区	2012年第三季度	占比	2011年第三季度	占比	占比增长
北京	1 603 770.90	34.6	1 184 391.51	34.1	0.5
上海	609 570.21	13.2	477 645.66	13.7	-0.5
江苏	245 701.44	5.3	177 467.78	5.1	0.2
广东	245 318.56	5.2	171 810.90	4.9	0.3
深圳	234 791.83	5.1	191 865.37	5.5	-0.4
其他省份	1 695 791.94	36.6	1 278 051.76	36.7	-0.1

国有商业银行业务笔数占比小幅上升，股份制商业银行业务笔数占比小幅回落。第三季度，国有商业银行通过大额实时支付系统处理业务6 741.85万笔，金额1 641 499.53亿元，分别占大额实时支付系统业务量的53.7%和35.4%，笔数占比同比上升0.2个百分点，金额占比同比回落0.4个百分点；股份制商业银行通过大额实时支付系统处理业务2 458.62万笔，金额1 326 426.91亿元，分别占大额实时支付系统业务

量的19.6%和28.6%，笔数占比同比回落0.2个百分点，金额占比同比上升1.0个百分点；城市商业银行通过大额实时支付系统处理业务1 483.17万笔，金额471 250.81亿元，分别占大额实时支付系统业务量的11.8%和10.2%，占比同比分别上升0.3个百分点和0.9个百分点；农村商业银行和中国邮政储蓄银行的笔数和金额占比不断提高（见表8）。

表8　大额实时支付系统行别间业务笔数、金额占比变动表

单位:%、个百分点

银行类别	2012年第三季度		2011年第三季度		占比变动	
	笔数占比	金额占比	笔数占比	金额占比	笔数	金额
政策性银行	0.4	3.2	0.4	2.6	0.0	0.6
国有商业银行	53.7	35.4	53.5	35.8	0.2	-0.4
股份制商业银行	19.6	28.6	19.8	27.6	-0.2	1.0
城市商业银行	11.8	10.2	11.5	9.3	0.3	0.9
农村商业银行	2.1	1.9	1.8	1.4	0.3	0.5
城市信用社	0.0	0.0	0.0	0.0	0.0	0.0
农村信用社	8.2	4.2	8.4	4.8	-0.2	-0.6
外资银行	1.4	3.2	1.7	3.8	-0.3	-0.6
中国邮政储蓄银行	1.0	1.2	0.9	1.1	0.2	0.1
其他	1.8	12.1	2.0	13.6	-0.2	-1.5

（二）小额批量支付系统

小额批量支付系统业务笔数同比增长明显。第三季度，小额批量支付系统共处理业务20 166.44万笔，金额44 964.91亿元，笔数同比增长38.4%，金额同比下降0.9%，分别占支付系统业务笔数和金额的4.1%和0.7%；日均处理业务219.20万笔，金额488.75亿元[①]。

股份制商业银行业务占比呈上升态势，政策性银行、国有商业银行

① 2012年第三季度小额批量支付系统实际运行92个工作日，此处按实际运行工作日计算。

和中国邮政储蓄银行业务占比与第二季度持平。国有商业银行通过小额批量支付系统处理业务 10 994.19 万笔，金额 21 246.38 亿元，分别占小额批量支付系统业务量的 54.5% 和 47.3%，笔数占比与第二季度持平，金额占比环比上升 2.0 个百分点；股份制商业银行通过小额批量支付系统处理业务 4 709.2 万笔，金额 7 837.52 亿元，分别占小额批量支付系统业务量的 23.3% 和 17.4%，笔数和金额占比环比分别上升 0.3 个百分点和 0.9 个百分点；城市商业银行、农村商业银行等其他金融机构通过小额批量支付系统处理业务 3 608.26 万笔，金额 15 161.68 亿元，分别占小额批量支付系统业务量的 17.9% 和 33.7%，笔数和金额占比环比分别回落 0.1 个百分点和 3.0 个百分点；外资银行通过小额批量支付系统处理业务 671.90 万笔，金额 434.35 亿元，分别占小额批量支付系统业务量的 3.3% 和 1.0%，笔数占比环比回落 0.2 个百分点，金额占比环比上升 0.1 个百分点；政策性银行通过小额批量支付系统处理业务 16.43 万笔，金额 89.15 亿元，分别占小额批量支付系统业务量的 0.1% 和 0.2%，笔数和金额占比均与第二季度持平；中国邮政储蓄银行通过小额批量支付系统处理业务 166.46 万笔，金额 195.83 亿元，分别占小额批量支付系统业务量的 0.8% 和 0.4%，笔数和金额占比均与第二季度持平（如图 45、图 46）。

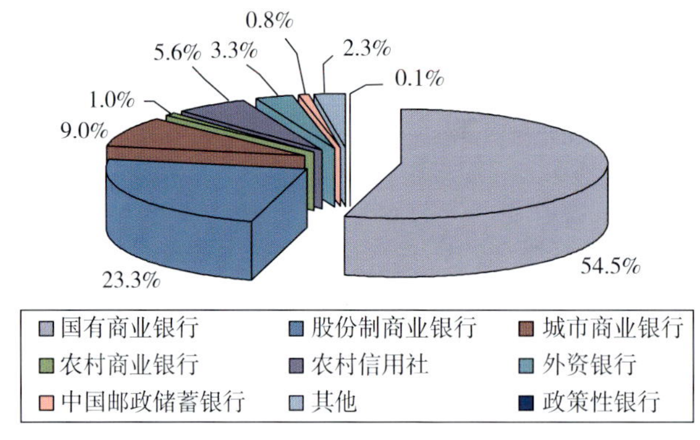

图 45　2012 年第三季度小额批量支付系统行别间业务笔数占比示意图

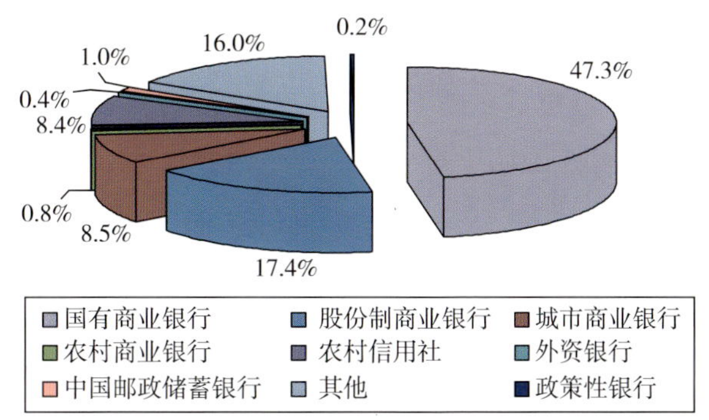

图 46 2012 年第三季度小额批量支付系统行别间业务金额占比示意图

（三）网上支付跨行清算系统

网上支付跨行清算系统业务持续增长。截至第三季度末，全国共有 121 家机构接入网上支付跨行清算系统。第三季度，网上支付跨行清算系统共处理支付业务 7 476.45 万笔，金额 10 032.81 亿元，环比分别增长 31.4% 和 31.2%；日均处理支付业务 81.27 万笔，金额 109.05 亿元①。

从业务种类看，网上支付跨行清算系统以网银贷记业务为主。网上支付跨行清算系统共处理网银贷记业务 7 029.11 万笔，金额 9 084.63 亿元，占网上支付跨行清算系统业务量的 94.0% 和 90.5%，占比环比分别上升 1.0 个百分点和 0.4 个百分点；处理网银借记业务 447.34 万笔，金额 948.18 亿元，占网上支付跨行清算系统业务量的 6.0% 和 9.5%，占比环比分别下降 1.0 个百分点和 0.4 个百分点。

从行别分布情况看，股份制商业银行处理支付业务量居首位。国有商业银行通过网上支付跨行清算系统处理支付业务 1 486.77 万笔，金额 1 908.79 亿元，分别占网上支付跨行清算系统业务量的 20.0% 和 19.0%；股份制商业银行通过网上支付跨行清算系统处理支付业务 4 728.48万笔，金额 6 537.42 亿元，分别占网上支付跨行清算系统业务

① 此处按 2012 年第三季度 92 个自然日计算。

量的63.2%和65.2%；地方性金融机构[①]通过网上支付跨行清算系统处理支付业务1 072.16万笔，金额1 472.74亿元，分别占网上支付跨行清算系统业务量的14.3%和14.7%；中国邮政储蓄银行通过网上支付跨行清算系统处理支付业务186.62万笔，金额111.72亿元，分别占网上支付跨行清算系统业务量的2.5%和1.1%；外资银行通过网上支付跨行清算系统处理支付业务2.42万笔，金额2.14亿元（如图47、图48）。

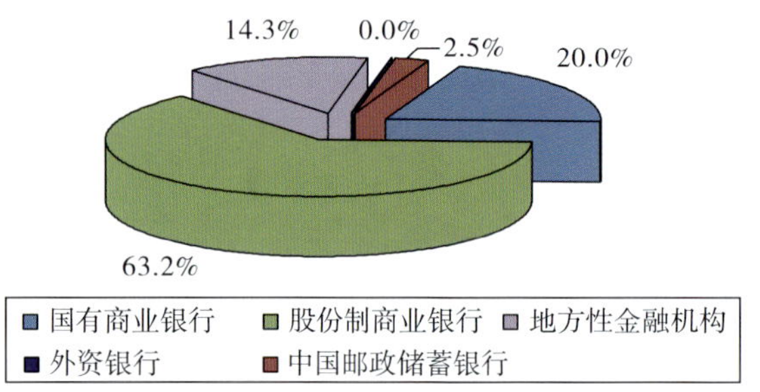

图47 2012年第三季度网上支付跨行清算系统行别间业务笔数占比示意图

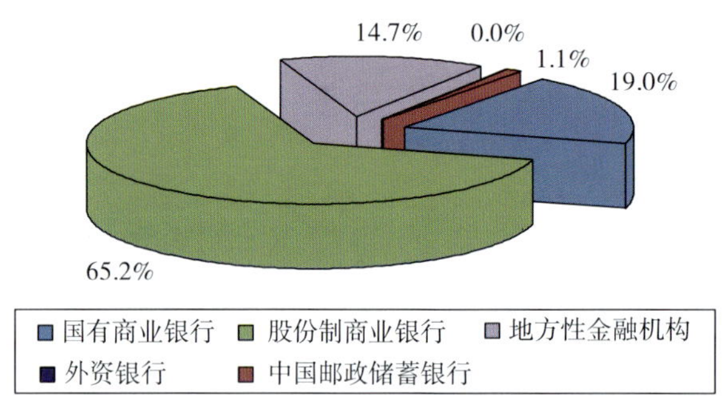

图48 2012年第三季度网上支付跨行清算系统行别间业务金额占比示意图

（四）同城票据清算系统

同城票据清算系统业务量同比下降。第三季度，同城票据清算系统共处理业务10 357.32万笔，金额169 643.89亿元，同比分别下降2.4%和2.3%，分别占支付系统业务笔数和金额的2.1%和2.6%；日均处理

① 含城市商业银行、农村商业银行、农村信用社、其他。

业务 156.93 万笔，金额 2 570.36 亿元[1]。

第三季度，同城票据清算系统处理业务笔数居前五位的省（市）依次是浙江、广东、江苏、上海和北京，五省（市）业务总笔数占同城票据清算系统业务笔数的 70.8%。同城票据清算系统处理业务金额居前五位的省（市）依次是江苏、浙江、北京、山东和广东，五省（市）业务总金额占同城票据清算系统业务金额 59.7%（如图 49、图 50）。

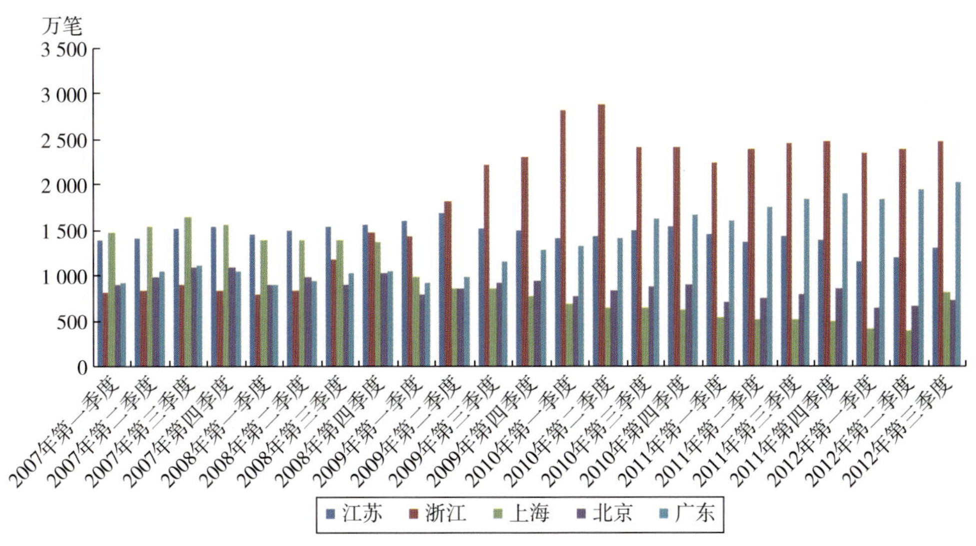

图 49　2007 年第一季度以来五省（市）同城票据清算系统业务笔数变动示意图

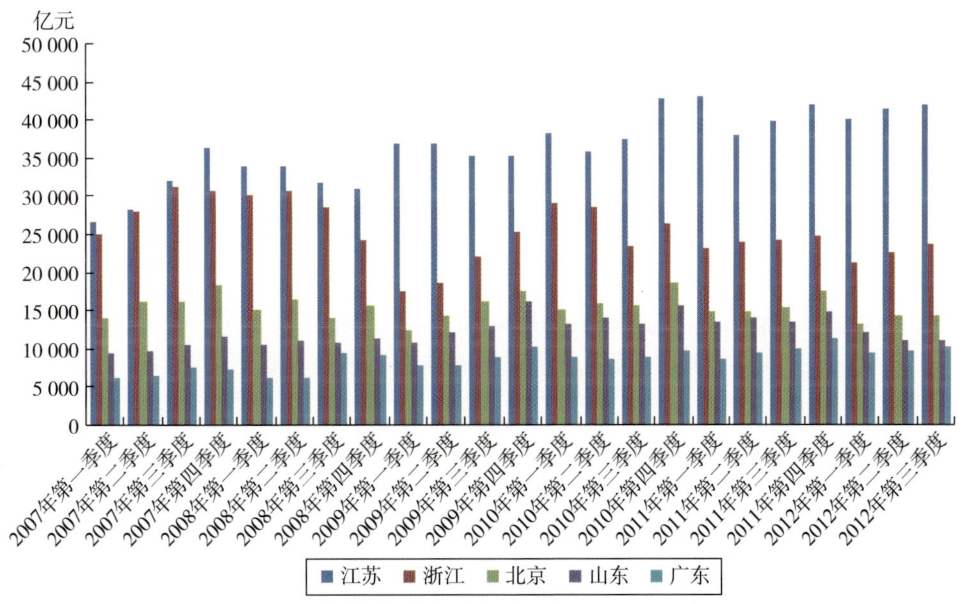

图 50　2007 年第一季度以来五省（市）同城票据清算系统业务金额变动示意图

① 此处按 2012 年第三季度实际工作日 66 日计算。

（五）境内外币支付系统

境内外币支付系统业务持续增长。第三季度，境内外币支付系统共运行66个工作日，处理支付业务30.92万笔，金额9 342.56亿元（1 473.79亿美元），同比笔数增长89.7%，金额增长107.6%；与第二季度相比，业务笔数和金额分别增长12.1%和11.1%；日均处理支付业务4 685笔，金额141.55亿元（22.33亿美元），日均处理笔数和金额同比分别增长86.8%和104.5%。

境内外币支付业务仍以美元交易为主，欧元交易同比大幅增长。第三季度，境内外币支付系统共处理美元支付业务29.07万笔，金额8 763.01亿元（1 382.36亿美元），同比分别增长87.8%和105.9%，环比分别增长11.9%和12.2%，分别占境内外币支付系统业务笔数和金额的94.0%和93.8%，笔数占比环比下降0.2个百分点，金额占比环比上升0.8个百分点；处理欧元支付业务12 510笔，金额426.68亿元（67.30亿美元），同比分别增长224.4%和224.6%，笔数环比增长22.3%，金额环比下降9.9%，分别占境内外币支付系统业务笔数和金额的4.0%和4.6%，笔数占比环比上升0.3个百分点，金额占比环比下降1.0个百分点；处理英镑支付业务628笔，金额1.84亿元（0.29亿美元），同比分别下降7.6%和13.6%，笔数环比增长20.1%，金额环比下降75.4%（见表9）。

表9 境内外币支付系统业务量统计表

单位：日、笔、万元

币种	工作日	笔数	金额（折合美元）	金额（折合人民币）	日均笔数	日均金额（美元）	日均金额（人民币）
美元	66	290 671	13 823 649.87	87 630 110.09	4 404	209 449.24	1 327 728.94
港元	66	1 615	140 658.58	891 655.00	24	2 131.19	13 509.92
欧元	66	12 510	673 084.96	4 266 782.66	190	10 198.26	64 648.22
日元	66	2 724	69 474.69	440 410.11	41	1 052.65	6 672.88

续表

币种	工作日	笔数	金额（折合美元）	金额（折合人民币）	日均笔数	日均金额（美元）	日均金额（人民币）
澳大利亚元	66	405	22 106.85	140 138.48	6	334.95	2 123.31
加拿大元	66	625	5 261.44	33 353.05	9	79.72	505.35
英镑	66	628	2 897.93	18 370.39	10	43.91	278.34
瑞士法郎	66	37	755.34	4 788.24	1	11.44	72.55
合计	66	309 215	14 737 889.66	93 425 608.02	4 685	223 301.36	1 415 539.51

（六）银行业金融机构行内支付系统

银行业金融机构行内支付系统业务量继续保持较快增长，在支付服务市场中的基础性作用不断加强。第三季度，银行业金融机构行内支付系统共处理业务 229 758.63 万笔，金额 1 625 050.14 亿元，同比分别增长 23.6% 和 19.2%，分别占支付系统业务笔数和金额的 46.3% 和 24.8%；日均处理业务 2 497.38 万笔，金额 17 663.59 亿元①。

农村金融机构②行内支付系统业务笔数持续稳步增长，中国邮政储蓄银行行内支付系统业务量同比增长较快。第三季度，农村金融机构行内支付系统共处理业务 28 682.54 万笔，金额 107 857.80 亿元，同比分别增长 17.0% 和 3.4%；国有商业银行行内支付系统共处理业务 153 885.59万笔，金额 903 590.00 亿元，同比分别增长 21.7% 和 14.4%；股份制商业银行行内支付系统共处理业务 16 494.59 万笔，金额 352 495.97 亿元，同比分别增长 38.3% 和 42.1%；城市商业银行行内支付系统共处理业务 12 629.39 万笔，金额 215 692.35 亿元，同比分别增长 1.8% 和 10.7%；外资银行行内支付系统共处理业务 13.22 万笔，金额 21 257.66 亿元，同比分别增长 48.4% 和 59.1%；中国邮政储蓄银行行内支付系统共处理业务 18 033.12 万笔，金额 22 611.05 亿元，同比

① 此处按 2012 年第三季度 92 个自然日计算。

② 包括农村商业银行和农村信用社。

分别增长 69.5% 和 92.5%；政策性银行行内支付系统共处理业务 20.18 万笔，金额 1 545.31 亿元，笔数同比下降 7.5%，金额同比增长 8.2%（如图 51）。

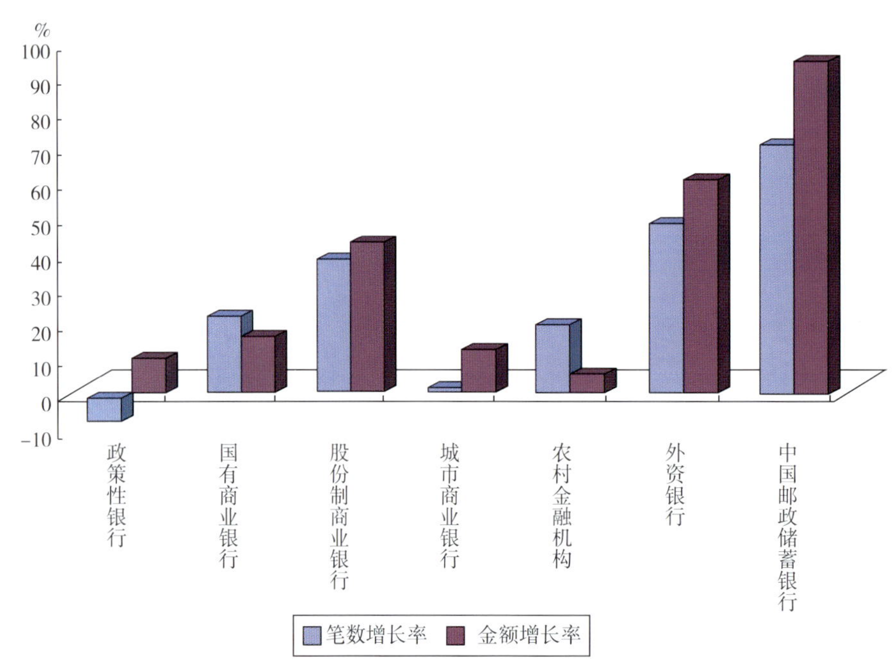

图 51 2012 年第三季度银行业金融机构行内支付系统业务笔数、金额同比增长率示意图

（七）银行卡跨行支付系统

银行卡跨行支付系统业务笔数环比增速放缓。第三季度，银行卡跨行支付系统共处理业务 215 473.42 万笔，金额 52 438.91 亿元，同比分别增长 20.6% 和 31.1%，与第二季度相比，笔数增速放缓 1.0 个百分点，金额增速加快 2.7 个百分点，分别占支付系统业务笔数和金额的 43.5% 和 0.8%；日均处理业务 2 342.10 万笔，金额 569.99 亿元（如图 52）。

国有商业银行本行卡跨行业务量占比环比小幅下降，股份制商业银行、城市商业银行和农村商业银行等其他金融机构业务占比环比小幅上升，中国邮政储蓄银行业务笔数占比与第二季度持平。第三季度，国有

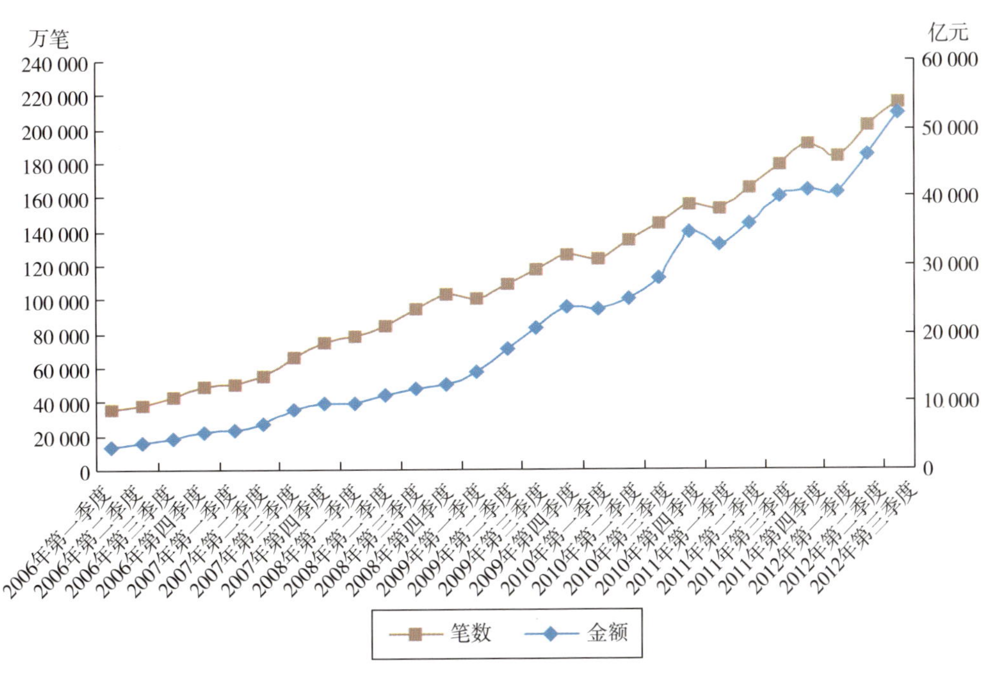

图 52　2006 年第一季度以来银行卡跨行支付系统业务量变化趋势图

商业银行作为发卡方，发生银行卡跨行业务 105 955.79 万笔，金额 29 387.93亿元，分别占银行卡跨行支付系统业务量的 49.2% 和 56.0%，占比环比分别回落 0.6 个百分点和 0.8 个百分点；股份制商业银行作为发卡方，发生银行卡跨行业务 64 729.49 万笔，金额 12 090.88 亿元，分别占银行卡跨行支付系统业务量的 30.0% 和 23.1%，占比环比分别上升 0.1 个百分点和 0.5 个百分点；中国邮政储蓄银行作为发卡方，发生银行卡跨行业务 13 705.50 万笔，金额 2 363.54 亿元，分别占银行卡跨行业务量的 6.4% 和 4.5%，笔数占比与第二季度持平，金额占比环比上升 0.1 个百分点；城市商业银行、农村商业银行等其他金融机构[①]作为发卡方，发生银行卡跨行业务 31 082.64 万笔，金额 8 596.56 亿元，分别占银行卡跨行业务量的 14.4% 和 16.4%，占比环比分别上升 0.5 个百分点和 0.2 个百分点（如图 53、图 54）。

国有商业银行受理他行卡业务占比与第二季度相比略有上升，股份制商业银行业务金额占比略有上升，中国邮政储蓄银行、城市商业银行

① 含城市商业银行、农村商业银行、城市信用社、农村信用社、外资银行、其他。

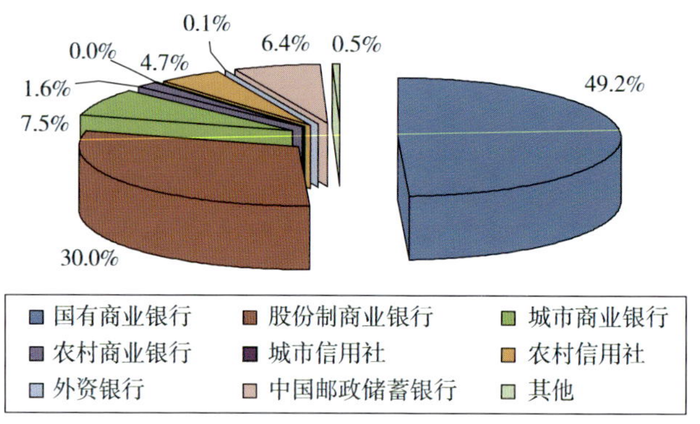

图 53　2012 年第三季度银行卡跨行支付系统行别间本行卡跨行业务笔数占比示意图

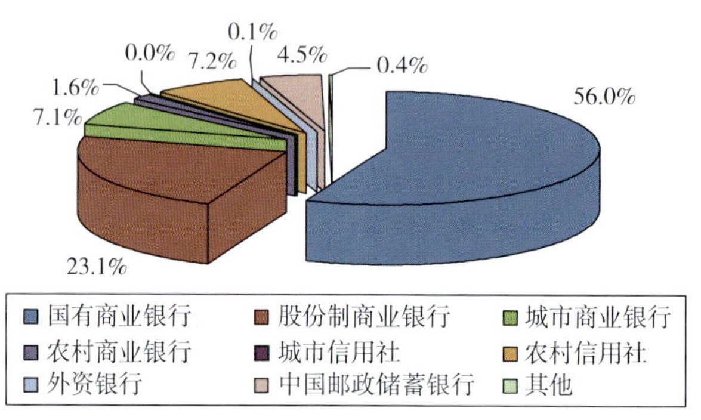

图 54　2012 年第三季度银行卡跨行支付系统行别间本行卡跨行业务金额占比示意图

和农村商业银行等其他金融机构业务占比略有波动。第三季度，国有商业银行受理他行银行卡业务 100 533.71 万笔，金额 20 656.30 亿元，分别占银行卡跨行业务量的 46.7% 和 39.4%，占比环比分别下降 0.1 个百分点和 1.0 个百分点；股份制商业银行受理他行银行卡业务 37 196.27 万笔，金额 14 395.63 亿元，分别占银行卡跨行业务量的 17.3% 和 27.5%，笔数占比与第二季度持平，金额占比环比上升 1.2 个百分点；中国邮政储蓄银行受理他行银行卡业务 10 064.57 万笔，金额 1 167.00 亿元，占银行卡跨行业务量的 4.6% 和 2.2%，笔数占比与第二季度持平，金额占比环比下降 0.1 个百分点；城市商业银行、农村商业银行等其他金融机构受理他行银行卡业务 67 678.87 万笔，金额 16 219.98 亿元，分别占银行卡跨行业务量的 31.4% 和 30.9%，笔数占比环比上升 0.2 个百分点，金额占比环比回落 0.1 个百分点（如图 55、图 56）。

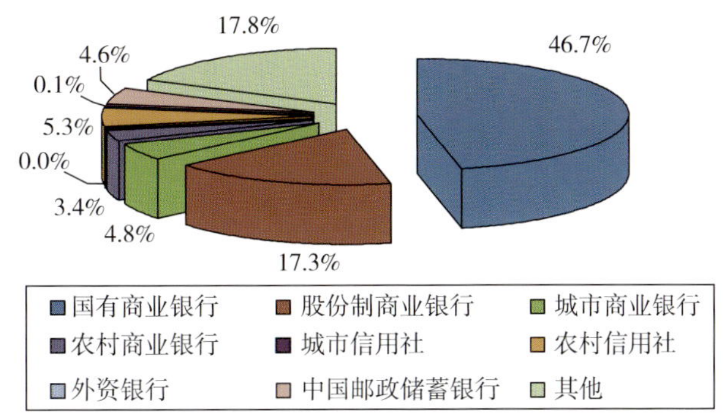

图 55　2012 年第三季度银行卡跨行支付系统行别间受理跨行业务笔数占比示意图

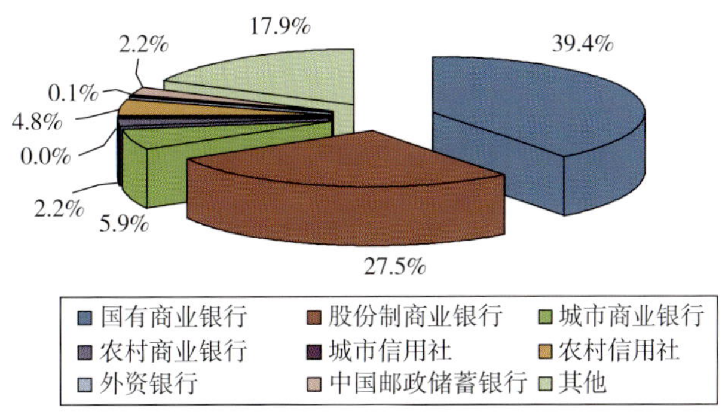

图 56　2012 年第三季度银行卡跨行支付系统行别间受理跨行业务金额占比示意图

三、人民币银行结算账户

人民币银行结算账户数量保持平稳增长态势，环比增速小幅放缓。截至第三季度末，全国共有人民币银行结算账户 473 775.03 万户，环比增长 5.1%，增速与第二季度持平。其中，单位银行结算账户 3 095.34 万户，占银行结算账户的 0.7%，环比增长 2.6%，增速环比放缓 0.9 个百分点；个人银行结算账户 470 679.69 万户，占银行结算账户的 99.3%，环比增长 5.1%，增速与第二季度持平。

专栏2　人民币银行结算账户非现场监管实践

2012年，重庆营业管理部积极创新对金融机构的管理与服务，在全国率先组织实施账户管理非现场监管，使账户管理从现场监管为主逐渐向现场监管与非现场监管相结合转变，账户管理工作质量和效率显著提高，成效明显。

一、基本背景

多年来，人民银行账户监管工作以现场监管为主，主要采用现场翻阅凭证、查阅档案资料等方式进行，存在监督检查手工化、定期性、间隔性和滞后性等缺点。由于近年来账户数量急剧膨胀，使现场监管逐渐暴露出针对性不强、监督成本与效率不匹配、持续动态监管能力差等问题，而现行账户管理系统功能无法全面满足非现场监管需要，银行结算账户违规开立和使用问题屡禁不止。

二、主要做法

重庆营业管理部以优化银行结算账户监督管理为出发点，按照“构建指标、收集数据、分析评估、实施监督”的流程（如专栏图2－1），对辖区所有银行机构开展非现场监管工作。

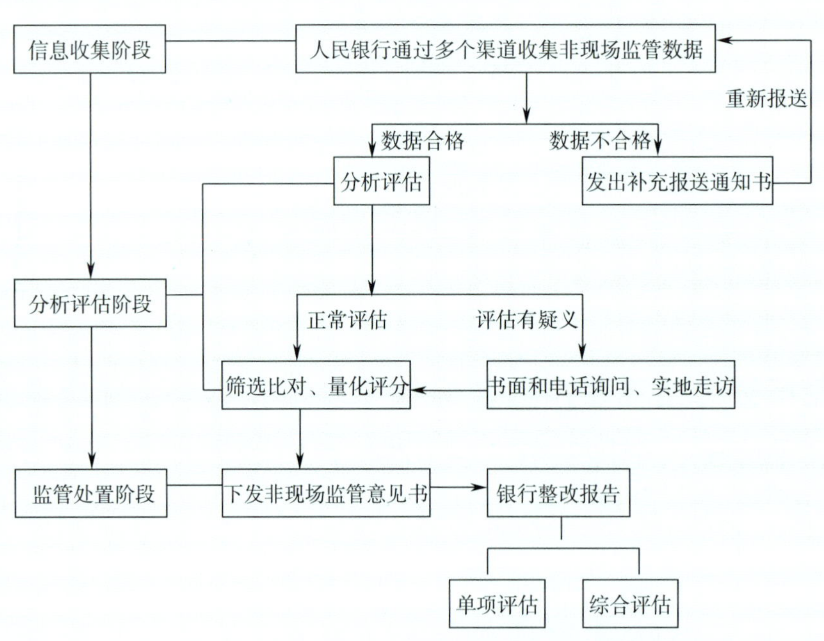

专栏图2－1　银行结算账户非现场监管流程

（一）明确内容、量化指标，构建银行结算账户非现场监管指标体系

银行结算账户非现场监管指标体系分为制度建设、组织结构、宣传培训、账户管理、系统监测、日常考核、沟通配合等7大类29个小项指标，既对具体账户工作进行监管评估，同时还对金融机构制度、人员、工作配合度等情况进行了监管评估，实现了对金融机构银行结算账户管理的全面监管。对于每1个小项指标，按照指标性质、监测时间、监测方式、监测内容、指标分值等设置了详细的评价标准。最后运用AHP层次分析模型，确定各指标的评价权重。

（二）建立流程、落实职责，通过银行机构报送和人民银行收集两种方式获得数据

在信息收集阶段，重庆营业管理部主要通过四个方面收集数据：一是从银行业金融机构行内系统提取的账户开销户和账户交易数据；二是银行业金融机构依据非现场监管指标要求报送的相关纸质资料；三是人民银行通过账户管理系统导出的账户开销户数据和监测功能提取的账户违规开立、使用数据；四是人民银行收集的银行业金融机构日常账户业务办理情况数据。

（三）筛选比对、量化评估，确定各银行机构开展账户工作质量

2012年，重庆营业管理部创新开发了数据筛选比对软件，自动实现对银行机构行内数据与账户管理系统数据进行比对，并对照银行结算账户非现场监管指标体系，将内控制度、宣传培训等指标与各小项评价标准进行筛选比对，最后进行量化计分。各小项指标初始分均为100分，评分后按百分制折算，折算方法为指标实得分乘以指标权重，最终得分相加综合计分。

（四）完善机制、分类管理，确保银行结算账户非现场监管实施效果

非现场监管评估结果分为A、B、C、D四个等级，由重庆营业管理部以评估最终得分为依据按比例确定，并实施分类管理。一是建立差错整改机制，通过下发质询通知书、整改通知书、非现场监管意见书等方式，及时指出存在的问题，并要求予以整改；二是建立分类管理机制，对非现场监管情况分为单项指标评价和综合指标评价，采取专项培训、考试、约见谈话、全辖通报、支付清算系统准入限制等监管措施；三是建立专项检查机制，对评价得分较低的银行机构，通过组织开展专项现场检查，督促其进一步整改。

三、主要成效

（一）人民银行账户管理实现全覆盖，有效性进一步提升

通过开展非现场监管，重庆营业管理部对银行机构海量信息进行处理和风险识别，使监管效力覆盖到“面”。2012 年，通过非现场监管发现违规账户 1135 户、日常账户差错 1 862 起、账户不合规管理 57 872 户，发出监管质询通知书 137 份、监管意见书 75 份，约见相关人员谈话 42 次。

（二）银行机构高度重视账户管理，工作质量明显改善

自开展非现场监管以来，各银行机构主动与人民银行沟通次数明显增多，人民银行在账户管理中的权威性进一步提升。目前，重庆所有银行均已实施账户管理机构改革，将原来网点办理的账户业务集中至支行或者分行，11 家银行还成立了账户集中处理中心，并对资料采取集中或影像传递方式进行管理，工作质量明显改善。

（中国人民银行重庆营业管理部支付结算处供稿）

（一）单位银行结算账户

单位银行结算账户数量稳步增长，基本存款账户数量占比连续三个季度低于 60%，临时存款账户数量保持下降趋势。截至第三季度末，全国共有单位银行结算账户 3 095.34 万户，环比增长 2.6%，同比增长 12.7%。其中，基本存款账户 1 854.02 万户，一般存款账户 963.13 万户，专用存款账户 254.76 万户，临时存款账户 23.43 万户，分别占单位银行结算账户的 59.9%、31.1%、8.2% 和 0.8%（如图 57、图 58）。基本存款账户、一般存款账户和专用存款账户环比分别增长 2.7%、2.9% 和 0.9%，同比分别增长 12.8%、15.6% 和 4.5%，临时存款账户环比下降 1.5%，同比下降 4.9%（如图 59）。

单位银行结算账户数量分布和地区经济发展程度基本一致，东部地区是单位银行结算账户的主要集中地，中部、西部地区单位银行结算账户数量增速较快。截至第三季度末，东部、中部、西部和东北地区单位银行结

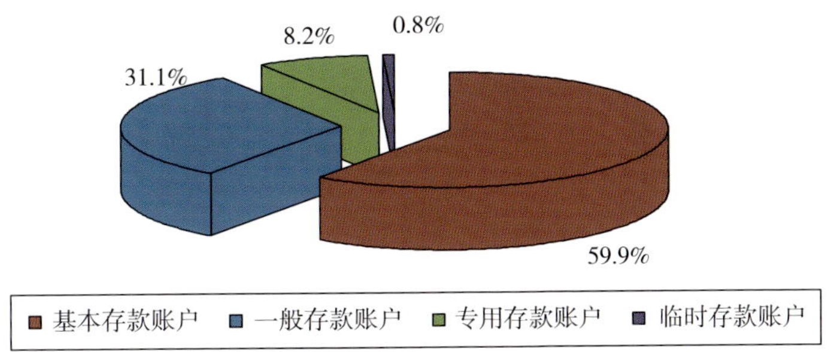

图 57　2012 年第三季度各类单位银行结算账户数量占比示意图

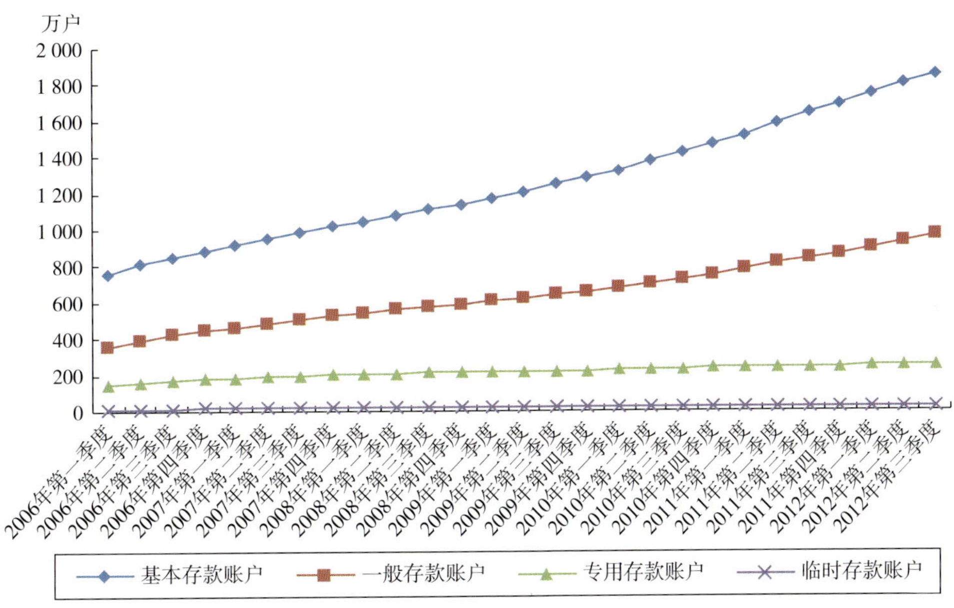

图 58　2006 年第一季度以来单位银行结算账户数量变动趋势图

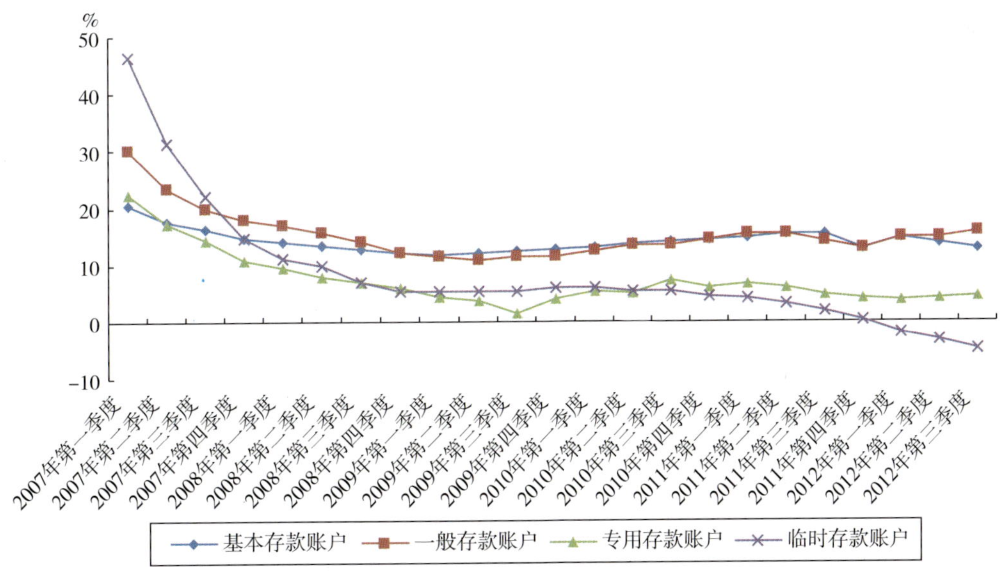

图 59　2007 年第一季度以来单位银行结算账户季度同比增幅变动图

算账户数量分别为 1 823.49 万户、499.65 万户、555.17 万户和 217.03 万户，同比分别增长 12.1%、14.1%、14.5% 和 11.0%（如图 60），分别占全国单位银行结算账户的 58.9%、16.2%、17.9% 和 7.0%，与地区经济发展程度一致。2006 年第一季度以来，中部地区单位银行结算账户全国占比从 13.4% 提高到 2012 年第三季度末的 16.2%，西部地区单位银行结算账户数量占比从 15.7% 提高到 17.9%（如图 61）。

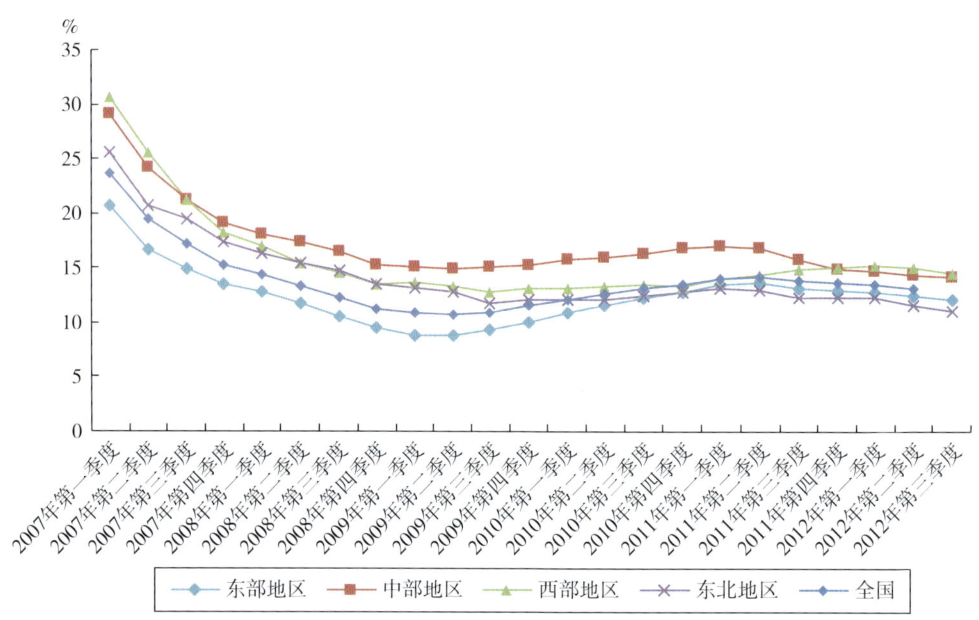

图 60　2007 年第一季度以来各地区单位银行结算账户季度同比增幅变动图

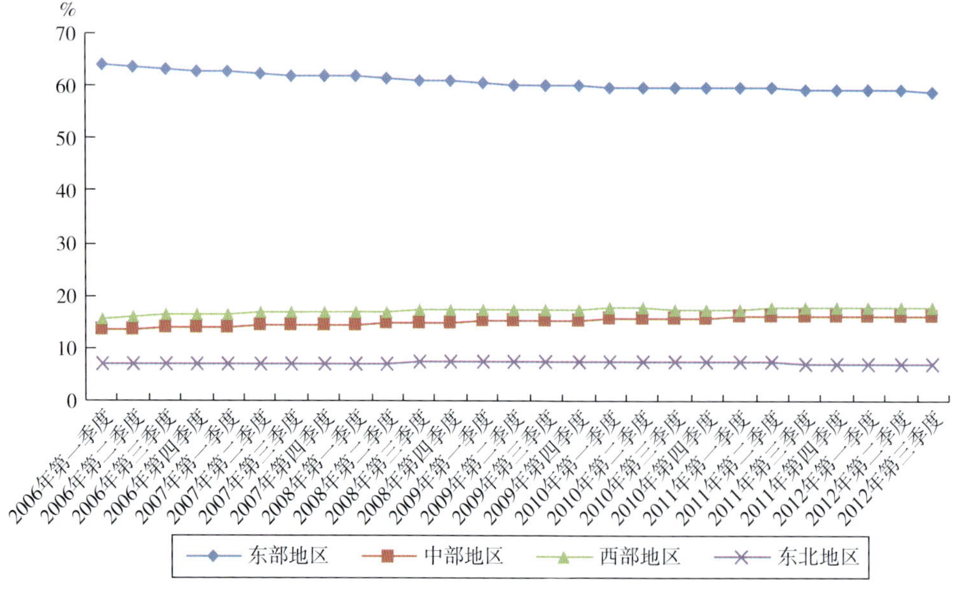

图 61　2006 年第一季度以来各地区单位银行结算账户数量全国占比变动图

经济较发达、企业经营活动较频繁的东部省（市）单位银行结算账户数量较多，占全国比重较大。贵州、广西、重庆、青海等四个省（市、自治区）单位银行结算账户环比增速较快。截至第三季度末，广东[①]、江苏、浙江、山东、上海、北京、河南、辽宁、河北、福建、四川等11个省（市）单位银行结算账户数量均已超过100万户，11个省（市）单位银行结算账户共计2 080.05万户，占全国单位银行结算账户的67.2%（如图62）。经济发达程度等关键性因素决定了各地区单位银行结算账户数量。贵州、广西、重庆、青海等四省（市、自治区）环比增速均在4%以上，高于全国2.6%的平均水平（如图63）。

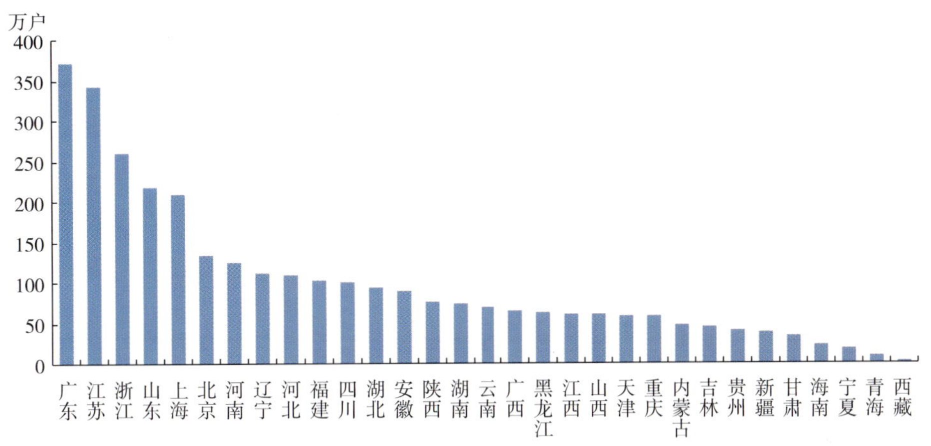

图62　2012年第三季度各省（市、自治区）单位银行结算账户数量分布图

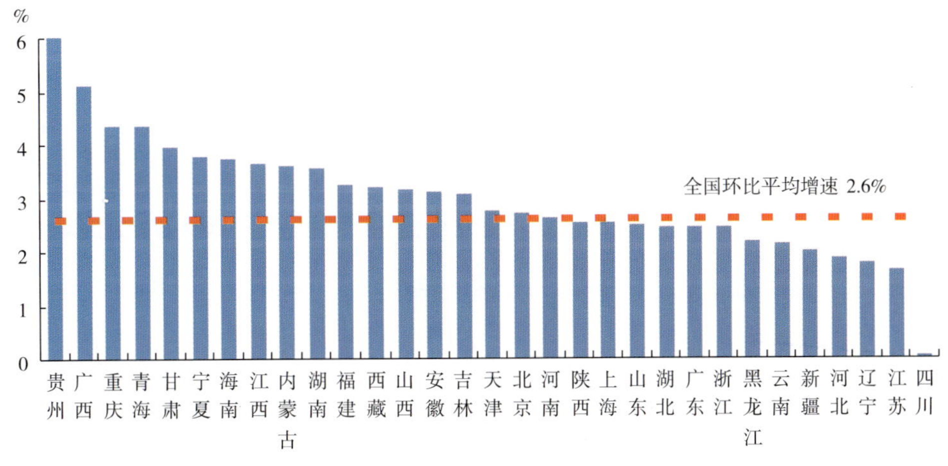

图63　2012年第三季度各省（市、自治区）单位银行结算账户环比增幅示意图

① 含深圳市。

各类银行业金融机构拥有的单位银行结算账户数量占比与第二季度基本持平。截至第三季度末，政策性银行、国有商业银行、股份制商业银行、其他金融机构[①]的单位银行结算账户数量分别为18.08万户、1 614.84万户、426.87万户和1 035.56万户，占全国单位银行结算账户数量的比例分别为0.6%、52.1%、13.8%和33.5%，政策性银行占比与第二季度持平，国有商业银行、股份制商业银行的单位银行结算账户占比均比第二季度上升0.1个百分点，其他金融机构的单位银行结算账户数量较第二季度下降了0.2个百分点（如图64）。

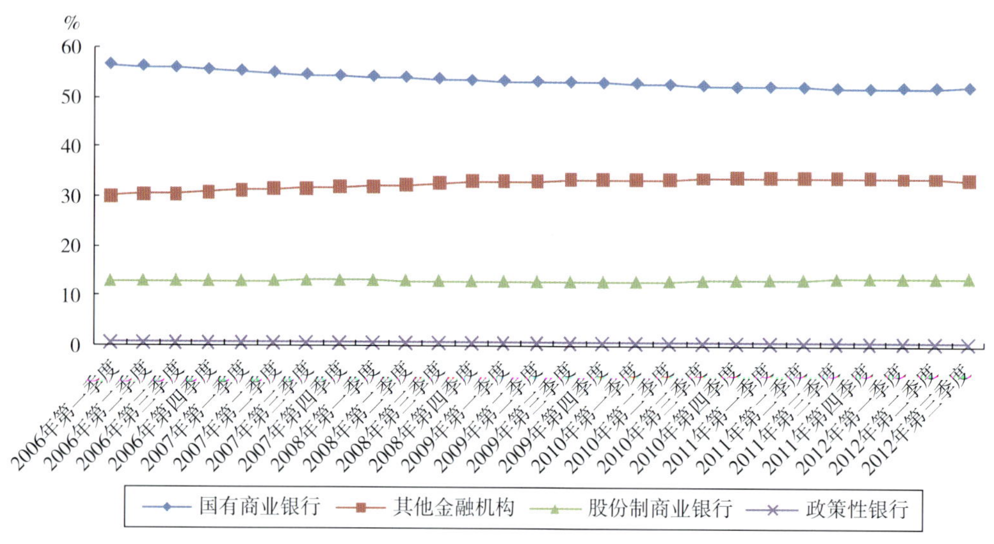

图64　2006年第一季度以来各类银行业金融机构单位银行结算账户数量占比示意图

注册资金规模在100万元以下的中小企业开立的单位银行结算账户数量在全国总量中仍占主要位置，注册资金规模在100万元以上的企业开立单位银行结算账户数量同比增速放缓。截至第三季度末，注册资金规模100万元以下、100万~1 000万元、1 000万~1亿元和1亿元以上的企业开立的单位银行结算账户同比分别增长10.9%、16.1%、18.5%和19.7%，占比分别为69.0%、18.8%、9.2%和2.9%（如图65）。

① 其他金融机构包括城市商业银行、城市信用社、农村商业银行、农村信用社、中国邮政储蓄银行、外资银行，下同。

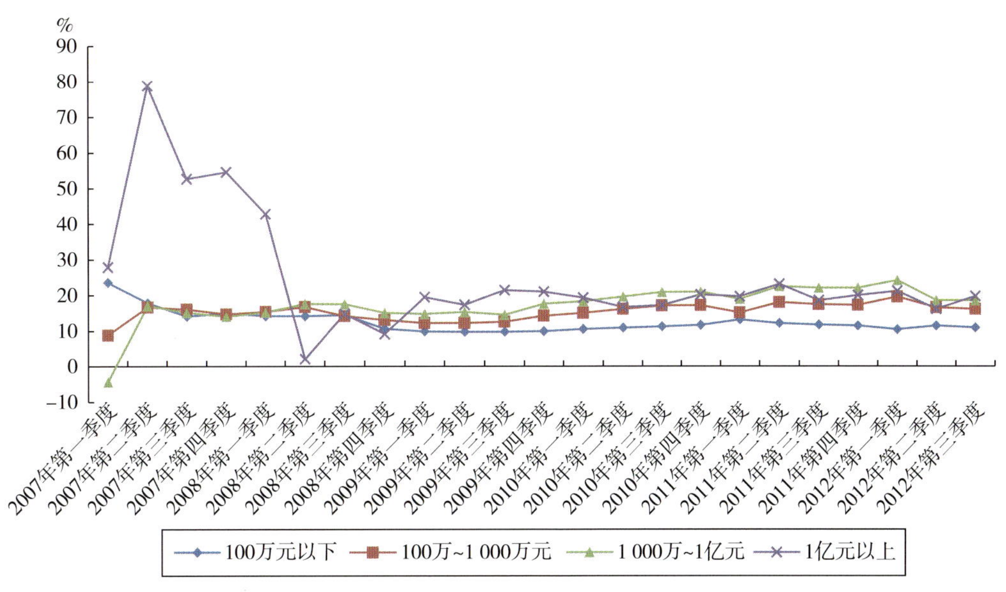

图 65　2007 年第一季度以来不同注册资金规模单位银行结算账户季度同比增速变动图

注册资金规模在 1 亿元以上的单位银行结算账户集中经济发达地区，集中程度基本维持不变。截至第三季度末，全国注册资金规模 1 亿元以上存款人开立的单位银行结算账户 90.00 万户，较第二季度增加 4.93 万户。其中，山东、广东、江苏、浙江、上海和北京等六省（市）注册资金规模 1 亿元以上的单位银行结算账户数量分别为 9.63 万户、9.6 万户[①]、8.92 万户、6.48 万户、5.89 万户和 5.68 万户，合计占全国总数的 51.3%。(如图 66)。

注册资金规模在 100 万元以下的中小企业开立的基本存款账户行别间分布情况基本保持稳定，国有商业银行拥有的中小企业基本存款账户占比在各类银行业金融机构中最大。截至第三季度末，国有商业银行、其他金融机构、股份制商业银行和政策性银行拥有的注册资金规模在 100 万元以下的中小企业开立的基本存款账户分别为 837.27 万户、544.57 万户、149.27 万户和 2.21 万户，占比分别为 54.6%、35.6%、9.7% 和 0.1%（如图 67），占比情况与第二季度基本持平。

① 含深圳市。

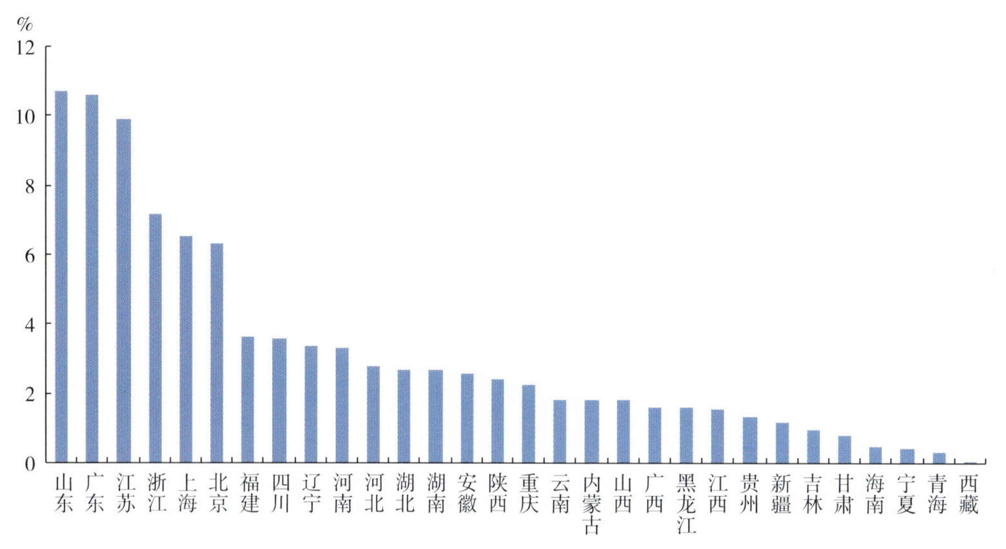

图 66　2012 年第三季度注册资金规模 1 亿元以上的单位银行结算账户地区分布示意图

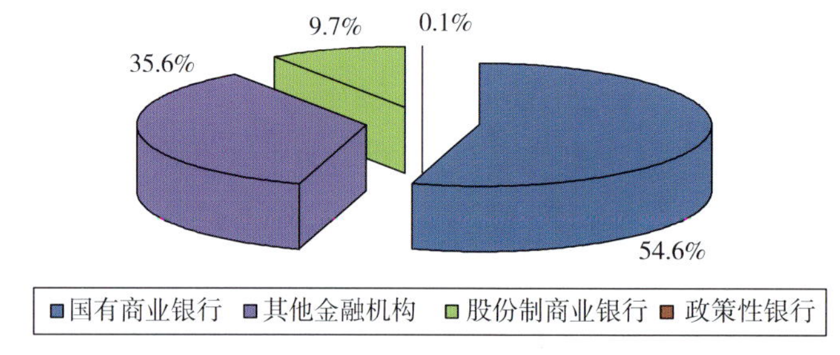

图 67　2012 年第三季度各类银行业金融机构拥有的 100 万元以下基本存款账户数量占比示意图

农林牧渔业、服务业等行业银行结算账户数量不断增加，批发零售业、制造业银行结算账户数量占比环比保持稳定。截至第三季度末，批发和零售业、农林牧渔业、租赁和商务服务业、住宿和餐饮业、居民服务和其他服务业等与居民日常生活密切相关的行业分别开立单位银行结算账户 975.86 万户、141.18 万户、105.33 万户、57.09 万户和 240.06 万户，同比分别增长 18.7%、19.2%、17.4%、17.6% 和 13.6%。从单位银行结算账户行业分布情况看，批发和零售业、制造业单位银行结算账户共计 1 467.33 万户，占比达 47.4%，仍然保持行业类别占比前两位（见表 10）。

表 10　单位银行结算账户行业分布统计表

单位：万户、%

行业	2012 年第三季度	2012 年第二季度	2011 年第三季度	2012 年第三季度行业分布占比	2012 年第三季度环比增长率	2012 年第三季度同比增长率
批发和零售业	975.86	940.57	821.93	31.5	3.8	18.7
制造业	491.47	485.98	457.00	15.9	1.1	7.5
国际组织	322.30	318.19	297.43	10.4	1.3	8.4
居民服务和其他服务业	240.06	233.65	211.26	7.8	2.7	13.6
建筑业	139.60	136.50	126.01	4.5	2.3	10.8
农、林、牧、渔业	141.18	135.34	118.48	4.6	4.3	19.2
公共管理与社会组织	108.22	107.48	103.83	3.5	0.7	4.2
租赁和商务服务业	105.33	101.34	89.76	3.4	3.9	17.4
信息传输、计算机服务和软件业	92.98	91.03	84.38	3.0	2.1	10.2
房地产业	92.21	90.18	83.90	3.0	2.3	9.9
交通运输、仓储和邮政业	67.21	65.95	61.78	2.2	1.9	8.8
住宿和餐饮业	57.09	54.81	48.54	1.8	4.2	17.6
卫生、社会保障和社会福利业	40.98	40.46	38.55	1.3	1.3	6.3
文化、教育和娱乐业	41.63	40.39	36.92	1.3	3.1	12.8
教育	35.29	34.39	32.61	1.1	2.6	8.2
科学研究、技术服务和地质勘查业	35.17	34.25	31.51	1.1	2.7	11.6
电力、燃气及水的生产和供应业	30.10	30.00	29.28	1.0	0.3	2.8
金融业	30.02	29.48	26.84	1.0	1.8	11.8
采掘业	24.91	24.64	23.22	0.8	1.1	7.3
水利、环境和公共设施管理业	23.73	23.38	22.08	0.8	1.5	7.4
全国	3 095.34	3 018.03	2 745.32	100.0	2.6	12.7

房地产业单位银行结算账户数量继续增长，环比增速回落。青海、吉林、贵州、内蒙古和甘肃等五省（市、自治区）增速高于全国平均增速水平；广东①房地产业单位银行结算账户数量环比下降 0.7%。截至第三季度末，全国房地产业单位银行结算账户数量共计 92.21 万户，同比

① 含深圳市。

增长9.9%，环比增长2.3%，较第二季度增速放缓0.1个百分点（如图68）。

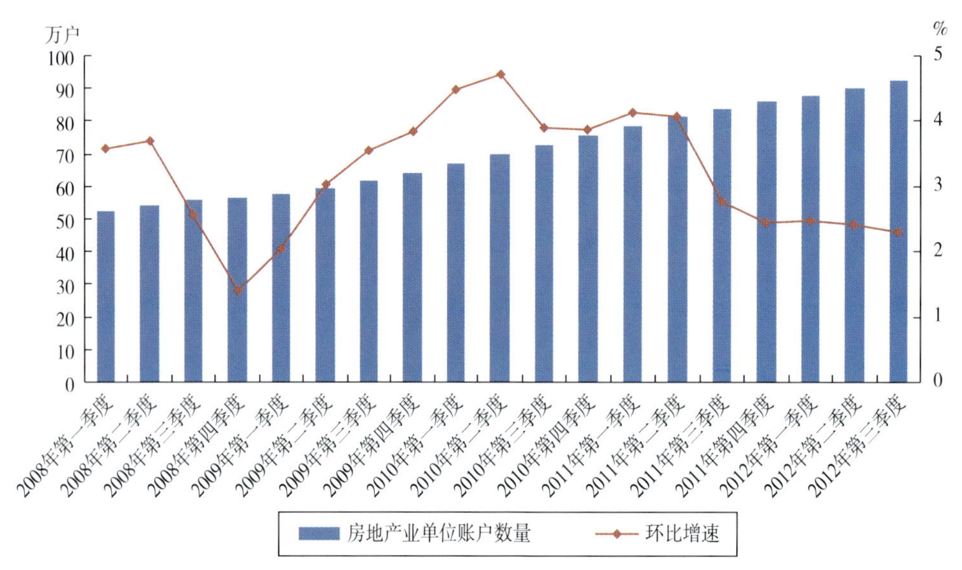

图68　2008年第一季度以来房地产业单位银行账户数量及环比增长示意图

分地区来看，东部和中部地区房地产业单位银行结算账户数量占全国71.7%，占比较第二季度小幅下降0.1个百分点。中部、东北部和西部地区房地产业单位银行结算账户数量环比分别增长3.1%、2.8%和2.5%，高于2.3%的全国平均增速。分省来看，房地产业单位银行结算账户数量位居前十位的为广东[①]、江苏、山东、浙江、上海、河南、四川、河北、湖北、安徽，上述十省（市）合计占比达57.8%（如图69）。上述十省（市）房地产业基本存款账户数均在1万户以上。房地产业单位银行结算账户数量环比增速排名前五位的省（自治区）分别为青海、吉林、贵州、内蒙古和甘肃，环比增速依次为5.5%、4.2%、4.0%、3.7%和3.7%（如图70）。

第三季度，广东[②]房地产业单位银行结算账户数量环比增长1.9%，较第二季度减少0.7个百分点。北京、上海两地的房地产业单位银行结算账户数量环比分别增长1.2%和0.3%（如图71）。

① 含深圳市。

② 含深圳市。

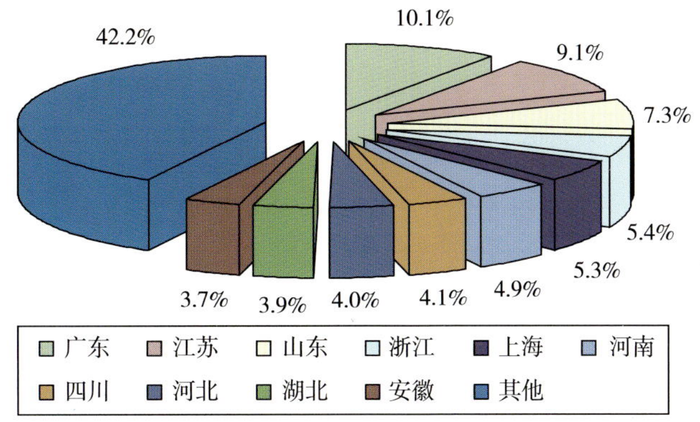

图 69 2012 年第三季度房地产业单位银行结算账户地区分布图

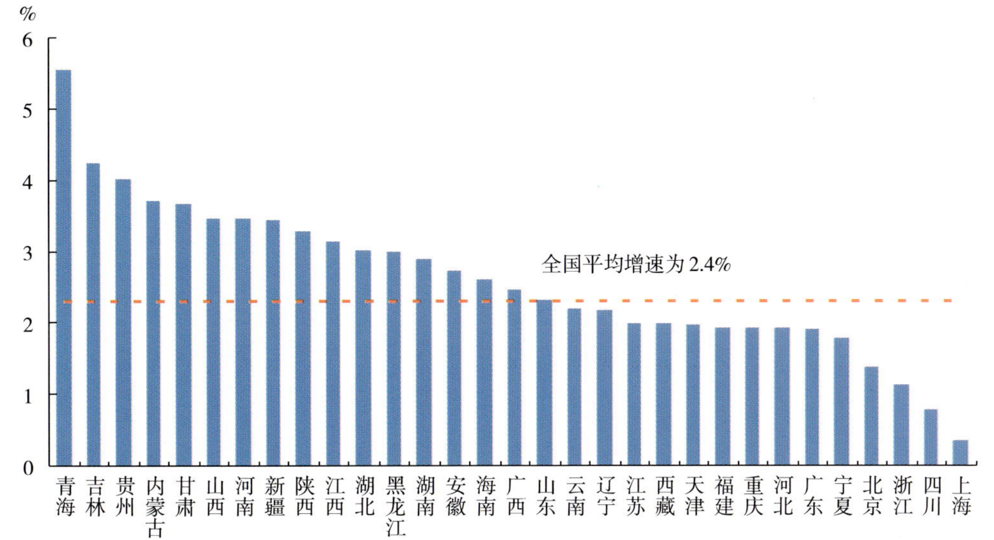

图 70 2012 年第三季度各省（市、自治区）房地产业单位银行账户数量环比增速示意图

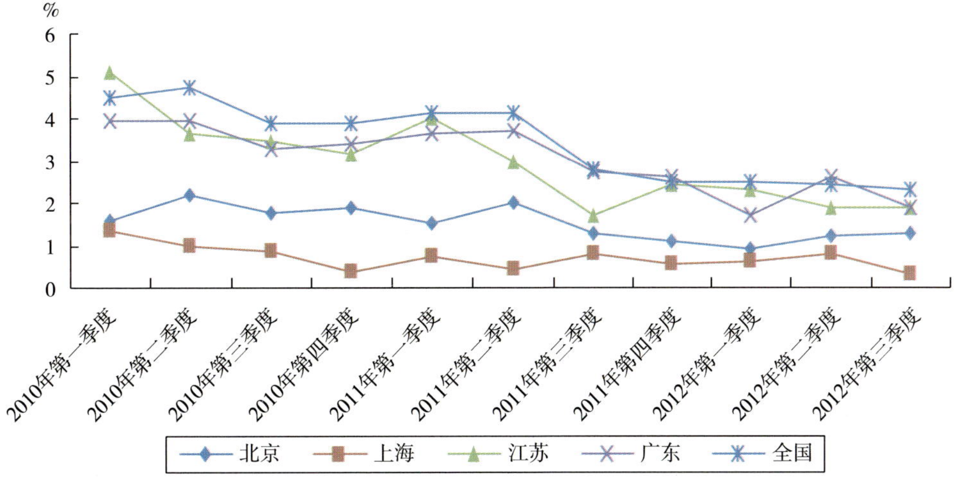

图 71 2010 年第一季度以来部分房地产发展一线省（市）
房地产业单位银行结算账户数量环比增速示意图

制造业单位银行结算账户数量占比环比小幅下降。截至第三季度末，制造业单位银行结算账户共计491.47万户，同比增长7.5%，环比增长1.1%。制造业单位账户数量占全行业单位银行结算账户数量的比重为15.9%，较第二季度下降0.2个百分点（如图72）。

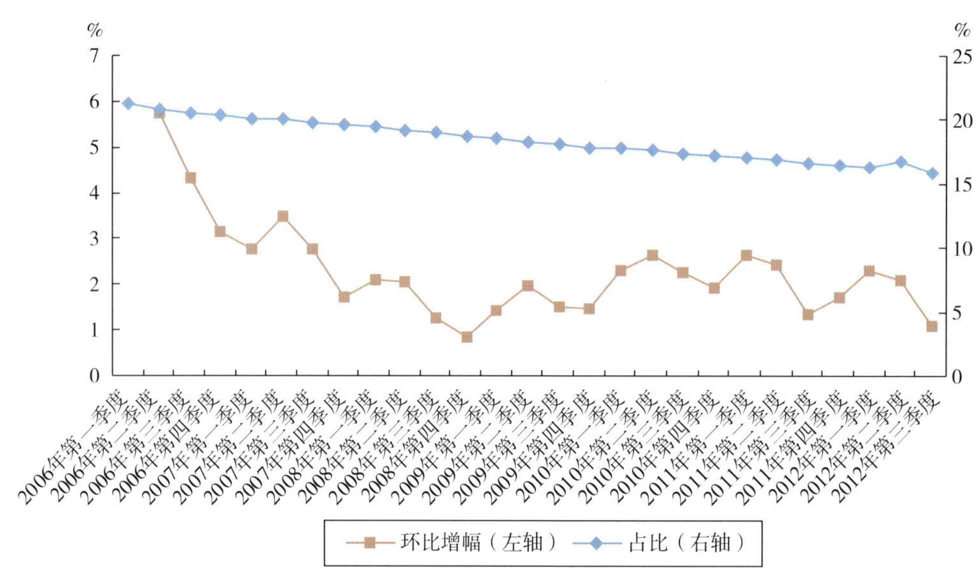

图72　2006年第一季度以来制造业账户数量环比增速及占比示意图

企业法人开立的单位银行结算账户近年来一直保持在六成以上。截至第三季度末，企业法人开立单位银行结算账户共计2 057.23万户，同比增长12.7%，环比增长2.5%，企业法人账户占全部单位银行结算账户数量的66.5%，与第二季度持平（如图73、图74）。

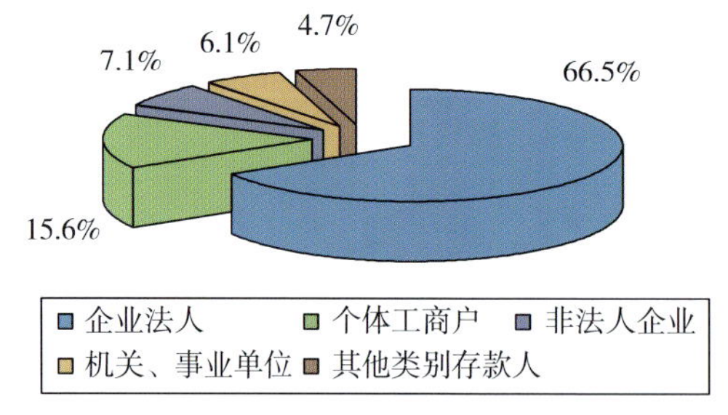

图73　2012年第三季度末各类存款人账户数量结构示意图

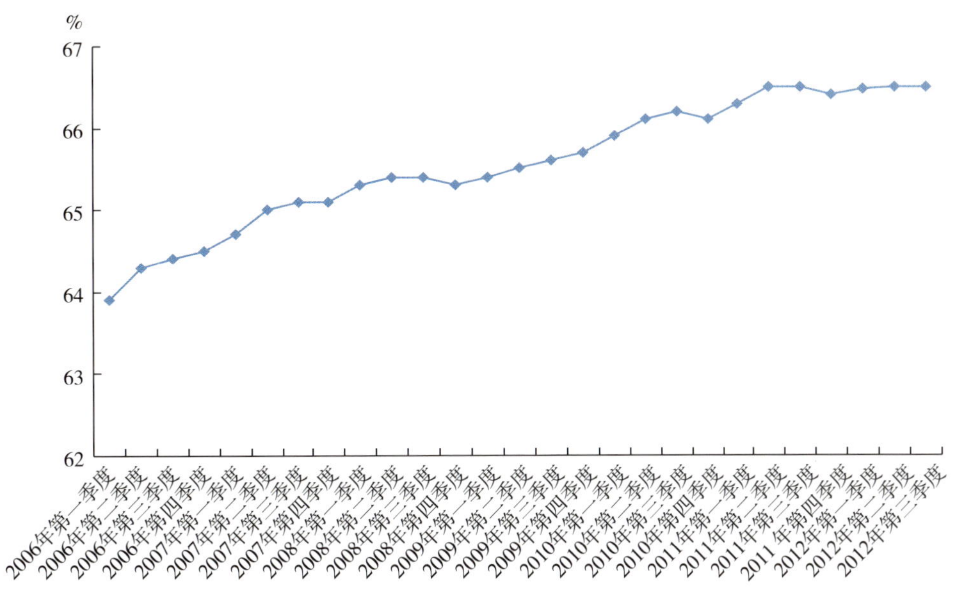

图 74　2006 年第一季度以来企业法人存款人银行结算账户占比变化趋势图

（二）个人银行结算账户

个人银行结算账户数量延续增长态势。截至第三季度末，全国共开立个人银行结算账户 470 679.69 万户，同比增长 19.4%，增速较上年同期放缓 3.5 个百分点；环比增长 5.1%，增速与第二季度持平（如图 75、图 76）。

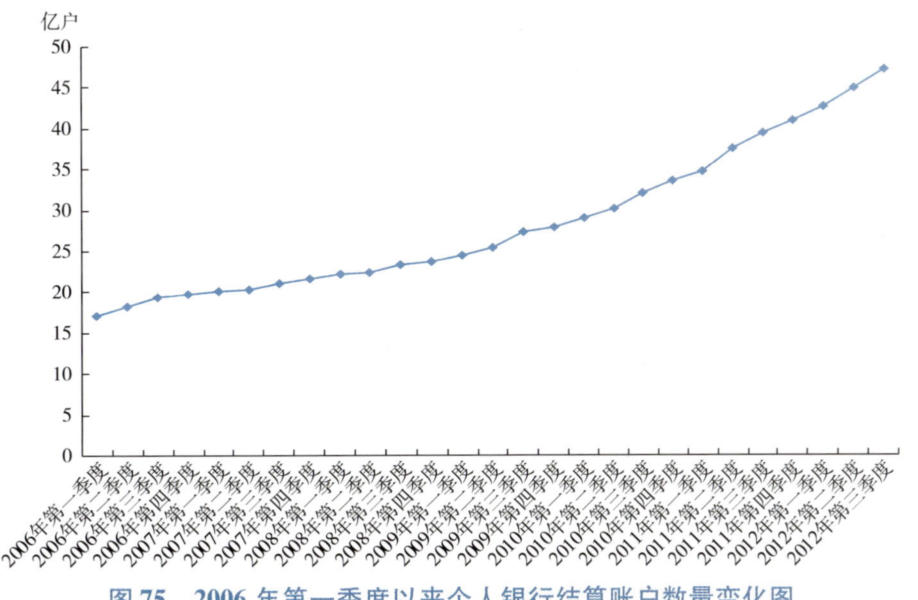

图 75　2006 年第一季度以来个人银行结算账户数量变化图

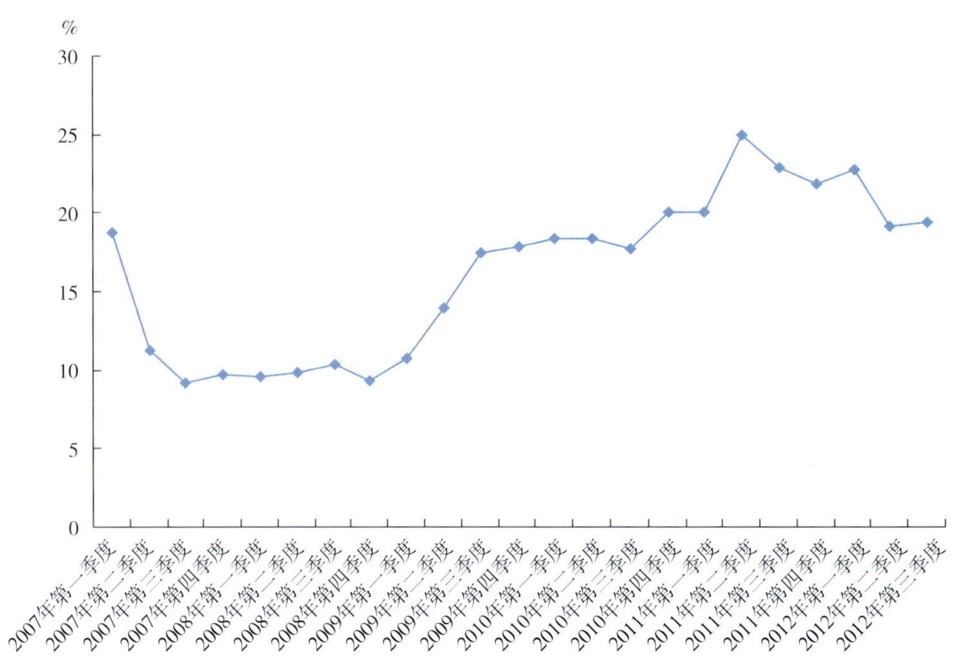

图 76　2007 年第一季度以来个人银行结算账户数量同比增速变动趋势图

广东和西藏个人银行结算账户数量位居全国两端。个人银行结算账户数量排名前十位的省（市）分别为广东①、山东、江苏、浙江、上海、福建、四川、河南、湖南和河北，上述十省（市）个人银行结算账户共计 292 745.82 万户，占全国个人银行结算账户的 62.2%，占比环比下降了 0.2 个百分点（如图 77）。个人银行结算账户数量在很大程度上与各地人口总量及经济发展程度紧密相连。

上海、北京两市的个人银行结算账户人均拥有量占全国人均账户拥有量的前两位。截至第三季度末，全国个人银行结算账户人均拥有量为 3.51 户。其中，上海、北京、天津、福建、浙江、广东②以及重庆的人均个人银行结算账户数量超过 5 户，分别为 11.11 户、8.70 户、6.29 户、5.95 户、5.93 户、5.69 户和 5.05 户。西藏、黑龙江、内蒙古、青海和吉林等五省（自治区）人均个人银行结算账户数量较低，分别为

① 含深圳市。
② 含深圳市。

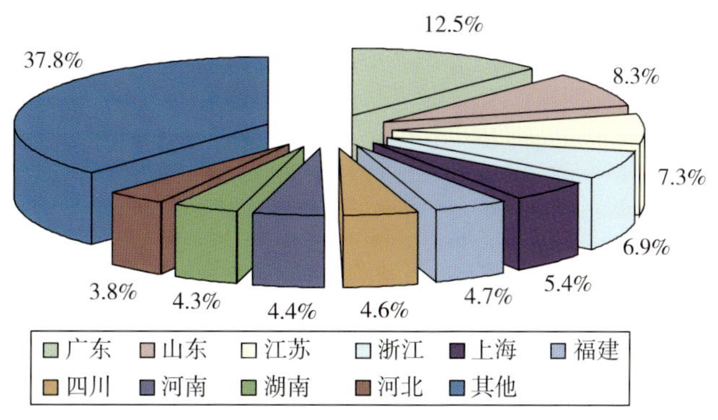

图 77　2012 年第三季度末个人银行结算账户地区分布图

0.86 户、1.78 户、1.79 户、1.79 户和 1.80 户（如图 78）。

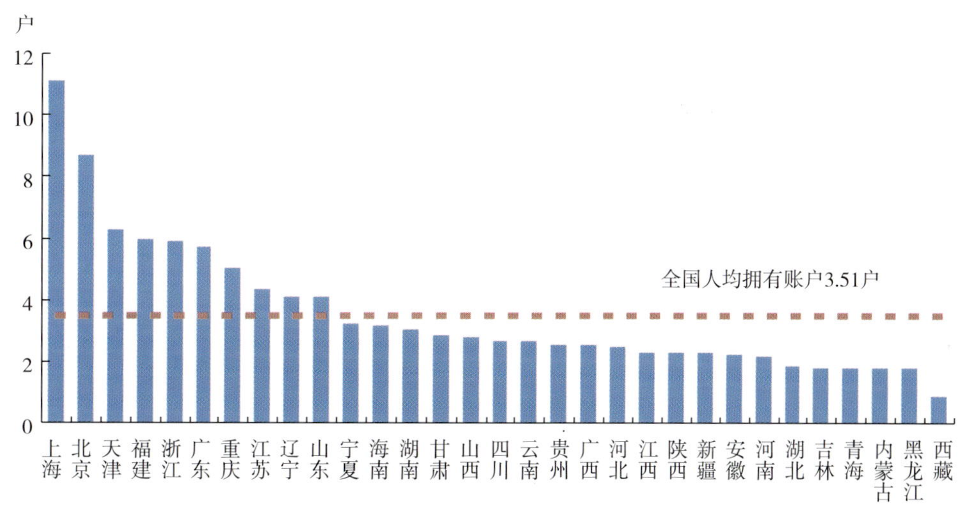

图 78　2012 年第三季度末各省个人结算账户人均占有量示意图①

长期来看，国有商业银行个人银行结算账户数量呈缓慢下降趋势。截至第三季度末，61.0% 的个人银行结算账户开立在国有商业银行，中国邮政储蓄银行、股份制商业银行、农村信用社等其他金融机构个人结算账户数量占比分别为 12.6%、10.6% 和 15.8%。短期来看，各类金融机构的个人银行结算账户数量相对保持稳定，从占比上看国有商业银行

① 人口数据来源于国家统计局网站《2010 年第六次全国人口普查主要数据公报（第 2 号）》。

依然拥有六成以上的个人银行结算账户（如图 79）。

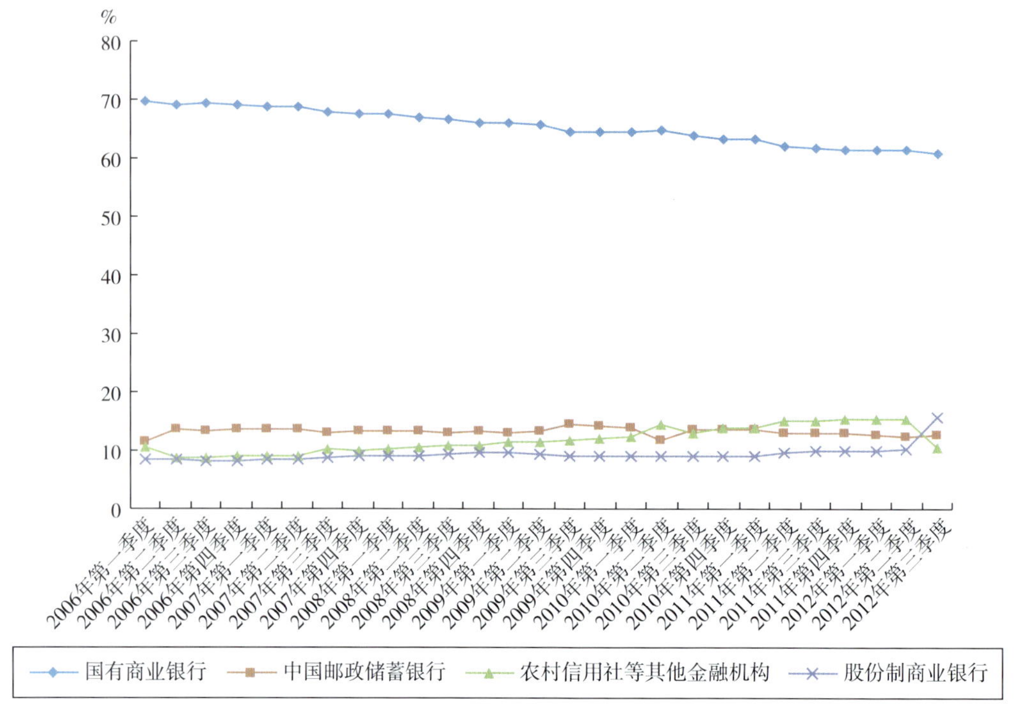

图 79　2006 年第一季度以来各类金融机构个人银行结算账户数量占比图

第二部分

支付业务报表

一、非现金支付工具类报表

非现金支付工具结构情况季报表

2012 年第三季度　　　　单位：万笔、亿元

业务类别	项目	笔数	金额
票据	银行汇票	111.69	6 024.38
	其中：现金银行汇票	1.22	11.93
	转账银行汇票	110.47	6 012.45
	商业汇票	390.82	39 916.18
	其中：商业承兑汇票	4.80	1 056.68
	银行承兑汇票	386.02	38 859.50
	银行本票	179.33	17 306.24
	其中：现金本票	0.52	16.23
	转账本票	178.81	17 290.01
	支票	18 843.80	674 668.08
	其中：现金支票	6 130.04	46 458.46
	转账支票	12 713.76	628 209.62
	其中：单位支票	18 610.19	673 417.12
	个人支票	233.61	1 250.96
	国内信用证	2.09	4 193.52
	合计	19 527.73	742 108.40
银行卡	存现	177 271.57	147 185.65
	取现	417 198.85	156 929.80
	其中：ATM 取现	297 862.33	40 277.77
	消费	230 903.66	55 625.01
	转账	182 454.36	522 233.64
	合计	1 007 828.44	881 974.10
结算方式	汇兑	36 623.27	1 620 012.96
	托收承付	18.67	1 726.86
	委托收款	816.34	34 374.55
	其中：同城特约委托收款	533.07	2 394.15
	商业承兑汇票	4.36	1 436.97
	银行承兑汇票	280.40	30 732.84
	合计	37 458.28	1 656 114.37

2012 年

业务类别＼项目		政策性银行		国有商业银行	
		笔数	金额	笔数	金额
票据	银行汇票	0.05	20.41	100.55	4 895.15
	其中：现金银行汇票			1.12	9.14
	转账银行汇票	0.05	20.41	99.43	4 886.01
	商业汇票	0.36	80.19	76.76	7 238.15
	其中：商业承兑汇票		5.21	1.89	151.34
	银行承兑汇票	0.36	74.98	74.87	7 086.80
	银行本票	0.04	16.94	111.64	9 319.21
	其中：现金本票			0.51	16.01
	转账本票	0.04	16.94	111.13	9 303.21
	支票	39.70	5 403.38	11 185.77	440 071.97
	其中：现金支票	15.07	386.45	3 554.07	30 181.83
	转账支票	24.63	5 016.93	7 631.70	409 890.14
	其中：单位支票	39.70	5 403.38	11 020.14	439 380.44
	个人支票			165.62	691.53
	国内信用证	0.01	12.13	0.79	1 171.75
	合计	40.16	5 533.05	11 475.51	462 696.23

季报表

第三季度 单位：万笔、亿元

股份制商业银行		中国邮政储蓄银行		其他金融机构		合计	
笔数	金额	笔数	金额	笔数	金额	笔数	金额
3	342. 87			8. 48	765. 95	111. 69	6 024. 38
				0. 10	2. 79	1. 22	11. 93
3	342. 87			8. 38	763. 16	110. 47	6 012. 45
170	21 600. 78			143. 68	10 997. 07	390. 82	39 916. 18
2	675. 75			0. 89	224. 38	4. 80	1 056. 68
168	20 925. 03			142. 80	10 772. 69	386. 02	38 859. 50
24	3 407. 73	0. 62	45. 82	43. 36	4 516. 54	179. 33	17 306. 24
	0. 05		0. 01	0. 01	0. 16	0. 52	16. 23
24	3 407. 69	0. 62	45. 81	43. 35	4 516. 36	178. 81	17 290. 01
1 665	101 904. 20	135. 68	4 412. 62	5 817. 08	122 875. 91	18 843. 80	674 668. 08
437	2 152. 38	47. 71	253. 99	2 075. 94	13 483. 81	6 130. 04	46 458. 46
1 228	99 751. 82	87. 97	4 158. 64	3 741. 15	109 392. 09	12 713. 76	628 209. 62
1 646	101 764. 71	135. 68	4 412. 62	5 768. 50	122 455. 97	18 610. 19	673 417. 12
19	139. 49			48. 59	419. 94	233. 61	1 250. 96
1	2 797. 30			0. 13	212. 34	2. 09	4 193. 52
1 863	130 052. 88	136. 30	4 458. 44	6 012. 73	139 367. 81	19 527. 73	742 108. 40

2012 年

项目 行别	银行卡数量								
	当期发卡数量				期末卡数量				
	贷记卡	准贷记卡	借记卡	小计	贷记卡	准贷记卡	借记卡	小计	睡眠卡
政策性银行									
国有商业银行	658. 64	243. 19	8 679. 64	9 581. 47	14 811. 08	3 847. 19	156 475. 22	175 133. 49	28 206. 91
股份制商业银行	826. 70	7. 06	1 281. 18	2 114. 94	11 148. 46	203. 38	38 092. 47	49 444. 31	16 297. 12
城市商业银行	99. 79	1. 74	1 039. 88	1 141. 41	1 268. 17	11. 15	17 079. 16	18 358. 48	3 378. 65
农村商业银行	15. 96	0. 57	923. 63	940. 16	137. 11	19. 73	15 882. 61	16 039. 45	2 455. 68
城市信用社									
农村信用社	2. 00		1 916. 44	1 918. 44	13. 39		24 062. 20	24 075. 59	1 237. 95
外资银行	1. 15		10. 43	11. 58	7. 46		132. 75	140. 21	9. 07
中国邮政储蓄银行	36. 09		2 680. 48	2 716. 57	309. 16		56 474. 15	56 783. 31	20 665. 55
合计	1 640. 33	252. 56	16 531. 68	18 424. 57	27 694. 83	4 081. 45	308 198. 56	339 974. 84	72 250. 93

注：本报表中空格部分表示该项数据小于 0. 005 且大于 0，下同。

情况季报表

第三季度　　单位：万张、万笔、亿元、万台

资金交易情况										ATM数量
存现		取现		消费		转账		小计		
笔数	金额	笔数	金额	笔数	金额	笔数	金额	笔数	金额	
103 398.10	82 446.37	253 143.33	91 625.92	127 061.37	34 466.21	123 867.44	331 285.86	607 470.23	539 824.35	22.17
18 116.85	14 067.06	32 171.72	11 587.27	73 086.47	12 178.43	30 307.31	116 997.20	153 682.35	154 829.96	4.98
6 662.67	8 588.50	15 174.44	9 670.65	9 464.12	2 482.88	6 429.92	17 310.70	37 731.15	38 052.73	1.96
7 381.06	10 824.40	21 121.24	12 328.06	3 459.13	2 229.12	8 631.93	24 150.31	40 593.36	49 531.89	2.90
12 930.63	16 945.71	26 705.78	16 580.27	2 663.65	1 996.27	7 666.11	24 830.31	49 966.17	60 352.56	3.23
25.90	30.41	205.08	42.87	100.06	35.05	5.05	33.35	336.09	141.68	0.10
28 756.36	14 283.20	68 677.27	15 094.77	15 068.86	2 237.05	5 546.60	7 625.91	118 049.09	39 240.93	3.80
177 271.57	147 185.65	417 198.86	156 929.81	230 903.66	55 625.01	182 454.36	522 233.64	1 007 828.44	881 974.10	39.14

二、支付系统类报表

大额实时支付系统地区间

2012 年

资金流入 / 资金流出	北京市		天津市	
	笔数	金额	笔数	金额
北京市	358.72	730 134.36	16.95	21 085.09
天津市	14.90	20 864.40	119.69	26 443.71
河北省	28.53	18 346.31	13.74	1 449.23
山西省	8.64	12 526.91	2.16	597.04
内蒙古自治区	11.45	14 891.97	2.12	509.57
辽宁省	16.98	30 285.67	6.22	1 786.33
吉林省	6.97	15 942.20	1.63	513.88
黑龙江省	8.81	13 585.00	1.72	570.13
上海市	43.89	212 785.17	8.83	6 149.83
江苏省	22.09	66 533.06	5.65	1 466.10
浙江省	20.91	40 780.13	5.02	1 864.99
安徽省	6.99	19 460.24	1.38	240.20
福建省	8.02	37 831.01	1.87	2 161.23
江西省	4.34	10 635.68	0.72	322.36
山东省	24.46	34 915.58	8.29	1 856.10
河南省	10.09	17 637.96	2.37	542.55
湖北省	7.98	20 708.42	1.30	361.29
湖南省	6.24	13 810.44	0.89	611.96
广东省	19.33	62 745.89	3.97	1 454.77
海南省	1.61	3 742.27	0.19	100.04
广西壮族自治区	3.19	10 712.13	0.38	73.52
重庆市	4.50	19 966.31	0.72	484.94
四川省	9.08	28 367.95	1.39	693.79
贵州省	2.38	5 386.14	0.30	171.65
云南省	3.69	10 126.12	0.52	189.22
西藏自治区	0.35	1 102.51	0.03	18.44
陕西省	6.58	11 569.40	1.28	221.92
甘肃省	3.23	10 351.69	0.60	263.10
青海省	0.89	1 766.65	0.14	18.76
宁夏回族自治区	1.82	3 646.89	0.44	140.11
新疆维吾尔自治区	4.00	7 748.76	0.76	652.75
深圳市	18.43	83 386.45	2.83	2 103.13
合计	689.09	1 592 293.67	214.10	75 117.73

资金流量流向情况季报表

第三季度　　　　　　　　　　　　　　　　　　　　单位：万笔、亿元

河北省		山西省		内蒙古自治区	
笔数	金额	笔数	金额	笔数	金额
29. 23	17 903. 20	6. 76	12 861. 72	6. 44	14 703. 68
11. 30	1 406. 40	1. 37	593. 44	1. 26	473. 42
295. 69	34 799. 22	3. 66	758. 60	3. 00	352. 38
5. 77	691. 62	160. 07	22 728. 35	1. 37	340. 99
4. 76	330. 07	1. 69	300. 96	122. 54	19 777. 53
8. 28	749. 58	0. 98	270. 06	2. 55	545. 02
3. 50	443. 42	0. 45	325. 13	0. 97	870. 73
3. 13	758. 66	0. 38	108. 33	1. 31	239. 75
11. 11	2 226. 48	9. 26	1 542. 14	5. 54	1 854. 41
9. 99	498. 98	3. 17	467. 81	1. 79	244. 66
10. 31	762. 93	2. 55	507. 67	1. 78	299. 22
2. 89	193. 36	0. 87	104. 46	0. 72	85. 68
2. 41	1 714. 74	1. 00	1 117. 72	0. 62	953. 33
1. 64	104. 58	0. 50	112. 41	0. 37	54. 00
18. 11	1 349. 92	3. 53	818. 91	2. 59	459. 51
6. 54	694. 74	3. 33	756. 80	1. 11	549. 17
2. 75	1 298. 21	0. 84	160. 82	0. 58	148. 05
1. 92	226. 66	0. 86	239. 16	0. 49	42. 24
5. 75	1 338. 98	1. 76	638. 28	1. 26	267. 30
0. 28	40. 84	0. 12	19. 31	0. 07	6. 71
0. 77	96. 64	0. 24	53. 24	0. 17	119. 70
1. 31	187. 71	0. 47	126. 99	0. 25	106. 72
2. 44	434. 54	1. 03	239. 29	0. 66	128. 48
0. 69	71. 01	0. 23	30. 19	0. 12	27. 25
0. 96	53. 22	0. 29	47. 32	0. 15	62. 85
0. 08	17. 17	0. 02	6. 21	0. 01	2. 47
2. 40	293. 99	1. 96	255. 14	1. 73	211. 44
1. 34	123. 11	0. 44	252. 31	0. 51	241. 09
0. 31	18. 60	0. 10	15. 66	0. 09	18. 64
0. 86	31. 21	0. 33	22. 28	1. 40	154. 56
1. 75	102. 22	0. 37	82. 07	0. 25	92. 61
3. 46	1 755. 33	1. 42	544. 07	1. 03	722. 05
451. 73	70 717. 34	210. 05	46 106. 85	162. 73	44 155. 64

资金流入 资金流出	辽宁省		吉林省	
	笔数	金额	笔数	金额
北京市	12.96	30 555.89	4.77	16 163.99
天津市	3.17	1 967.26	0.87	554.89
河北省	4.52	713.78	1.51	257.54
山西省	1.20	275.75	0.53	230.29
内蒙古自治区	3.45	441.72	1.24	766.26
辽宁省	247.20	45 123.26	6.22	3 095.42
吉林省	10.07	3 061.50	105.88	23 364.04
黑龙江省	7.25	1 505.85	3.55	987.34
上海市	16.09	4 871.92	4.74	2 364.89
江苏省	5.77	1 652.84	2.04	2 055.14
浙江省	6.41	1 853.42	2.64	2 209.56
安徽省	1.37	222.06	0.74	313.25
福建省	1.81	3 266.30	0.82	2 210.46
江西省	0.82	279.85	0.58	379.38
山东省	7.14	1 898.86	2.80	1 833.31
河南省	1.96	766.84	0.95	705.19
湖北省	1.36	593.09	0.62	619.08
湖南省	1.00	362.10	0.55	777.07
广东省	4.93	2 028.21	1.81	1 845.28
海南省	0.28	22.47	0.12	56.27
广西壮族自治区	0.68	441.11	0.34	437.81
重庆市	0.73	565.37	0.45	2 046.67
四川省	1.48	1 073.05	0.92	1 457.71
贵州省	0.35	124.93	0.25	134.47
云南省	0.53	583.82	0.38	237.33
西藏自治区	0.03	16.89	0.01	12.60
陕西省	1.00	508.93	0.53	1 143.01
甘肃省	0.55	466.52	0.26	605.94
青海省	0.13	20.92	0.05	9.45
宁夏回族自治区	0.27	155.82	0.11	32.93
新疆维吾尔自治区	0.63	395.06	0.26	663.52
深圳市	4.52	1 796.88	1.74	753.90
合计	349.66	107 612.27	148.28	68 323.99

资金流量流向情况季报表

第三季度　　单位：万笔、亿元

黑龙江省		上海市		江苏省	
笔数	金额	笔数	金额	笔数	金额
6.28	13 974.93	47.01	212 529.95	23.39	67 308.63
0.85	529.51	9.45	6 339.94	6.37	1 603.24
1.41	748.34	7.91	2 166.62	7.67	472.55
0.42	92.19	4.02	1 468.15	3.77	399.74
1.81	220.20	3.04	1 674.88	2.61	255.22
5.11	1 399.01	13.09	4 772.45	8.60	1 483.52
3.31	1 047.65	4.34	2 386.14	3.22	2 088.85
119.27	16 225.84	4.85	1 937.36	3.27	1 084.84
7.17	1 999.64	298.20	235 583.11	99.44	21 413.66
1.89	919.56	113.84	21 892.93	762.19	110 330.87
2.35	462.02	98.84	18 578.20	79.12	6 735.61
0.71	116.65	17.07	2 632.72	27.92	1 620.79
0.65	1 235.00	15.83	16 396.43	11.82	5 945.36
0.41	160.51	7.38	1 723.05	7.05	971.00
2.72	789.89	24.13	6 385.89	30.88	3 507.78
0.72	195.36	9.03	3 400.90	10.08	1 603.50
0.49	427.35	11.20	3 909.18	9.63	1 058.01
0.40	156.03	6.75	3 050.83	5.69	719.83
1.75	1 046.49	31.53	22 687.23	23.33	4 563.62
0.18	26.09	1.57	591.27	0.85	154.64
0.26	350.43	3.51	1 445.52	2.47	364.03
0.34	421.01	5.96	3 161.35	4.20	1 791.24
0.81	407.09	10.28	3 944.79	6.78	1 801.59
0.18	64.19	2.49	1 275.39	1.89	219.15
0.26	161.98	3.84	1 880.34	2.59	290.09
0.01	9.75	0.12	25.47	0.11	11.85
0.41	498.81	5.64	2 799.84	4.45	584.03
0.22	78.88	2.31	966.65	2.09	1 089.11
0.04	6.80	0.53	205.96	0.55	81.25
0.08	46.36	1.19	227.16	1.03	153.23
0.25	119.98	2.80	1 617.71	2.70	1 572.55
1.69	775.55	24.86	25 181.68	15.60	4 626.27
162.45	44 713.09	792.61	612 839.09	1 171.36	245 905.65

2012 年

资金流入 / 资金流出	浙江省		安徽省	
	笔数	金额	笔数	金额
北京市	19. 28	44 745. 01	5. 45	19 520. 71
天津市	4. 42	1 781. 49	0. 84	246. 67
河北省	6. 54	865. 19	1. 57	144. 74
山西省	2. 83	444. 18	0. 87	83. 31
内蒙古自治区	2. 14	284. 44	0. 70	110. 72
辽宁省	8. 21	2 292. 89	1. 36	419. 37
吉林省	4. 71	2 509. 44	0. 63	239. 66
黑龙江省	3. 98	374. 49	0. 72	99. 12
上海市	66. 95	17 165. 04	12. 47	2 767. 04
江苏省	70. 23	6 808. 30	21. 08	1 633. 93
浙江省	933. 92	105 271. 85	14. 40	1 277. 76
安徽省	17. 33	1 699. 55	316. 05	31 466. 98
福建省	15. 75	4 420. 28	2. 86	2 027. 69
江西省	11. 99	874. 92	2. 81	140. 78
山东省	22. 76	2 988. 04	4. 86	981. 48
河南省	8. 39	1 290. 84	3. 15	244. 29
湖北省	8. 76	1 640. 13	2. 57	421. 76
湖南省	6. 56	438. 28	1. 59	213. 24
广东省	28. 15	2 873. 14	5. 31	1 394. 89
海南省	0. 92	113. 98	0. 25	25. 84
广西壮族自治区	2. 87	273. 42	0. 65	65. 45
重庆市	4. 22	733. 26	0. 84	154. 26
四川省	6. 81	1 052. 22	1. 68	808. 84
贵州省	2. 32	538. 96	0. 44	151. 18
云南省	3. 65	254. 06	0. 63	87. 96
西藏自治区	0. 11	5. 94	0. 06	1. 97
陕西省	4. 02	661. 98	0. 93	182. 08
甘肃省	2. 32	361. 37	0. 66	277. 09
青海省	0. 56	85. 83	0. 14	10. 56
宁夏回族自治区	0. 90	81. 26	0. 20	10. 94
新疆维吾尔自治区	3. 10	1 106. 90	0. 63	186. 38
深圳市	17. 42	3 904. 63	3. 97	723. 12
合计	1 292. 12	207 941. 31	410. 37	66 119. 81

资金流量流向情况季报表

第三季度 单位：万笔、亿元

福建省		江西省		山东省	
笔数	金额	笔数	金额	笔数	金额
11. 50	38 141. 98	3. 49	10 811. 97	22. 82	34 606. 86
2. 03	2 036. 12	0. 43	376. 77	6. 22	1 707. 75
1. 91	1 774. 41	0. 81	157. 95	13. 26	1 034. 06
1. 28	1 088. 82	0. 40	63. 97	4. 37	906. 52
0. 76	1 027. 46	0. 32	50. 85	3. 38	541. 87
2. 48	2 846. 66	0. 74	173. 01	8. 18	2 181. 37
1. 11	2 091. 26	0. 36	229. 43	3. 53	1 563. 40
1. 06	1 228. 57	0. 41	109. 84	3. 82	493. 69
19. 04	17 321. 70	5. 54	1 694. 20	22. 25	6 785. 86
10. 58	6 071. 99	4. 69	810. 06	30. 83	3 849. 57
16. 88	5 329. 03	10. 09	918. 47	20. 78	3 406. 25
3. 06	1 434. 12	2. 32	154. 16	6. 89	967. 07
556. 27	48 286. 26	5. 10	1 719. 89	5. 39	4 216. 57
5. 58	1 424. 54	163. 00	19 380. 03	3. 03	335. 12
5. 57	3 940. 96	1. 84	374. 15	701. 89	79 916. 54
2. 51	1 875. 57	1. 18	309. 81	9. 87	1 045. 28
2. 98	3 596. 15	2. 11	201. 57	4. 28	848. 24
3. 44	2 474. 08	2. 90	470. 75	2. 83	485. 05
19. 34	7 884. 01	10. 41	1 161. 52	10. 64	2 165. 75
0. 68	103. 81	0. 33	40. 50	0. 48	91. 25
2. 55	904. 64	1. 01	170. 52	1. 71	255. 64
1. 65	1 965. 84	0. 79	231. 12	2. 01	988. 95
2. 63	2 208. 17	1. 42	291. 50	3. 60	1 203. 02
1. 22	197. 58	0. 53	85. 19	0. 98	164. 09
1. 68	1 019. 18	0. 71	263. 17	1. 43	366. 96
0. 04	5. 06	0. 03	3. 30	0. 08	4. 07
1. 60	1 879. 26	0. 50	254. 47	3. 12	539. 46
0. 74	142. 90	0. 31	70. 80	1. 78	368. 37
0. 16	27. 93	0. 06	13. 87	0. 40	94. 20
0. 25	54. 66	0. 09	5. 42	0. 95	178. 67
0. 82	746. 54	0. 30	21. 88	2. 29	444. 30
14. 51	5 862. 89	7. 68	762. 80	7. 08	2 488. 23
695. 91	164 992. 15	229. 90	41 382. 94	910. 17	154 244. 03

2012 年

资金流入 资金流出	河南省		湖北省	
	笔数	金额	笔数	金额
北京市	10.01	17 262.90	8.32	20 626.17
天津市	1.59	529.83	1.03	332.72
河北省	4.22	634.26	2.11	1 339.35
山西省	3.89	867.43	1.40	169.44
内蒙古自治区	1.34	216.01	0.97	117.50
辽宁省	2.28	703.42	1.82	456.16
吉林省	1.15	831.81	0.84	811.14
黑龙江省	1.15	251.15	1.03	458.86
上海市	8.62	3 851.19	8.76	4 316.41
江苏省	9.33	1 287.52	7.67	1 294.53
浙江省	7.94	1 219.91	7.89	1 295.97
安徽省	4.21	268.38	3.32	425.46
福建省	2.62	2 011.58	3.09	3 370.00
江西省	2.02	455.04	3.71	265.52
山东省	8.43	1 230.56	4.39	839.85
河南省	304.48	38 076.15	5.06	605.63
湖北省	4.62	543.50	239.87	32 471.16
湖南省	2.26	455.62	5.27	525.94
广东省	7.58	1 052.32	10.33	2 971.74
海南省	0.31	25.03	0.43	24.96
广西壮族自治区	1.09	93.29	1.36	167.24
重庆市	1.22	714.46	2.48	578.32
四川省	2.63	313.82	3.00	531.68
贵州省	0.78	148.68	1.07	84.94
云南省	0.95	71.80	1.30	293.79
西藏自治区	0.07	4.54	0.16	25.23
陕西省	2.86	343.03	1.67	184.59
甘肃省	1.20	286.46	0.76	194.82
青海省	0.36	36.34	0.25	15.11
宁夏回族自治区	0.48	29.09	0.32	30.26
新疆维吾尔自治区	1.41	112.59	0.94	147.97
深圳市	5.52	922.77	7.92	980.32
合计	406.62	74 850.48	338.54	75 952.78

资金流量流向情况季报表

第三季度　　　　单位：万笔、亿元

湖南省		广东省		海南省	
笔数	金额	笔数	金额	笔数	金额
5. 76	14 041. 38	24. 82	64 273. 39	2. 22	3 732. 67
0. 61	652. 14	4. 31	1 414. 02	0. 29	129. 18
1. 22	266. 35	5. 64	1 220. 02	0. 35	75. 10
0. 69	299. 98	2. 82	599. 87	0. 25	27. 59
0. 57	70. 73	2. 35	275. 76	0. 16	16. 97
0. 95	345. 96	8. 02	1 972. 36	0. 41	51. 14
0. 48	698. 22	4. 54	1 931. 22	0. 20	67. 77
0. 52	201. 36	4. 77	1 060. 19	0. 44	20. 17
4. 74	2 847. 14	31. 23	22 110. 20	2. 18	556. 55
3. 98	774. 54	24. 20	4 413. 56	0. 81	142. 40
5. 15	581. 57	36. 49	3 964. 24	1. 31	109. 98
1. 54	178. 97	7. 47	1 408. 09	0. 42	34. 17
2. 20	2 465. 26	19. 92	7 745. 50	0. 72	114. 22
4. 10	460. 14	12. 08	1 138. 57	0. 48	51. 04
2. 19	483. 26	14. 61	2 072. 16	0. 69	111. 31
1. 65	458. 32	8. 12	970. 66	0. 45	42. 00
4. 08	414. 82	9. 91	2 689. 52	0. 41	32. 77
245. 30	21 632. 71	13. 32	1 530. 00	0. 45	41. 24
14. 44	1 646. 60	921. 60	101 630. 70	2. 89	280. 46
0. 47	33. 82	4. 43	282. 78	38. 72	4 081. 07
1. 99	400. 76	12. 83	960. 00	0. 40	25. 24
1. 36	831. 70	5. 31	570. 66	0. 30	64. 13
1. 82	435. 58	9. 19	1 488. 88	0. 43	36. 59
1. 71	205. 99	3. 51	454. 45	0. 15	9. 99
1. 27	97. 57	5. 94	979. 18	0. 22	14. 47
0. 04	4. 44	0. 13	16. 11	0. 02	2. 79
0. 84	110. 29	3. 83	608. 60	0. 21	77. 04
0. 49	323. 59	2. 33	519. 46	0. 13	40. 46
0. 12	11. 48	0. 43	53. 20	0. 02	0. 65
0. 16	18. 86	0. 88	81. 96	0. 03	1. 15
0. 63	71. 83	2. 46	934. 24	0. 12	9. 69
9. 83	883. 62	121. 12	16 905. 57	1. 72	425. 36
320. 90	51 948. 98	1 328. 61	246 275. 12	57. 60	10 425. 36

资金流出＼资金流入	广西壮族自治区		重庆市	
	笔数	金额	笔数	金额
北京市	3. 81	9 688. 40	4. 71	19 950. 85
天津市	0. 29	83. 80	0. 59	386. 58
河北省	0. 59	65. 22	0. 91	188. 14
山西省	0. 26	62. 17	0. 58	105. 90
内蒙古自治区	0. 19	94. 63	0. 44	180. 68
辽宁省	0. 47	363. 28	0. 79	611. 11
吉林省	0. 28	412. 57	0. 54	1 889. 87
黑龙江省	0. 31	498. 10	0. 36	466. 76
上海市	4. 72	1 335. 08	5. 01	2 956. 85
江苏省	1. 77	277. 31	3. 38	1 907. 19
浙江省	2. 69	334. 41	3. 70	981. 88
安徽省	0. 69	67. 68	0. 94	131. 09
福建省	1. 65	1 004. 40	1. 67	1 944. 18
江西省	0. 99	256. 33	0. 84	156. 11
山东省	1. 39	251. 37	2. 02	1 001. 44
河南省	0. 81	175. 17	1. 28	673. 26
湖北省	1. 03	415. 89	1. 86	450. 99
湖南省	1. 86	476. 39	1. 21	789. 18
广东省	13. 18	1 479. 01	3. 91	569. 55
海南省	0. 51	38. 73	0. 22	40. 74
广西壮族自治区	139. 81	15 282. 86	0. 71	379. 28
重庆市	0. 62	323. 72	122. 69	27 261. 62
四川省	1. 11	143. 33	10. 89	1 412. 36
贵州省	1. 05	106. 41	2. 73	361. 50
云南省	1. 27	190. 03	1. 54	311. 04
西藏自治区	0. 02	3. 13	0. 10	19. 93
陕西省	0. 33	80. 60	0. 86	328. 26
甘肃省	0. 20	82. 66	0. 42	271. 36
青海省	0. 04	15. 35	0. 14	13. 79
宁夏回族自治区	0. 06	9. 10	0. 15	53. 26
新疆维吾尔自治区	0. 15	92. 77	0. 55	665. 67
深圳市	6. 13	392. 40	3. 66	1 563. 63
合计	188. 28	34 102. 30	179. 40	68 024. 05

资金流量流向情况季报表

第三季度　　　　　　　　　　　　　　　　单位：万笔、亿元

四川省		贵州省		云南省	
笔数	金额	笔数	金额	笔数	金额
9.51	29 587.80	2.36	5 578.73	3.38	9 664.72
1.18	564.54	0.17	132.35	0.33	157.63
1.66	444.23	0.32	53.72	0.58	85.44
0.90	187.77	0.18	20.93	0.26	58.08
0.97	174.88	0.15	11.01	0.20	69.36
1.53	1 064.93	0.27	211.70	0.43	610.85
1.19	1 588.79	0.13	92.43	0.31	315.38
0.80	402.61	0.14	48.20	0.23	134.78
12.28	3 543.16	2.36	1 257.32	3.48	1 871.35
5.50	1 564.79	1.67	181.58	1.83	443.91
10.69	1 216.25	1.81	245.98	2.61	321.49
1.74	783.43	0.38	368.12	0.54	104.03
2.19	2 129.27	0.87	166.18	1.22	1 150.23
1.70	302.54	0.50	92.82	0.75	278.59
3.30	1 145.52	0.72	93.65	1.09	390.38
2.39	312.02	0.48	153.45	0.70	97.70
2.84	487.10	0.55	63.56	0.84	348.92
1.86	368.81	0.99	102.90	0.98	115.10
8.13	1 512.02	2.28	559.58	3.58	1 083.95
0.37	41.58	0.11	6.66	0.16	16.28
1.25	154.34	0.86	112.42	1.06	169.73
12.51	1 402.65	2.00	363.81	1.30	291.96
347.25	40 090.01	1.73	868.87	3.49	499.70
3.13	585.13	97.19	10 826.42	1.86	146.87
4.34	430.64	1.20	155.69	144.96	24 837.47
0.78	65.75	0.01	6.61	0.03	5.18
2.33	357.60	0.25	79.98	0.43	84.42
1.50	352.28	0.11	34.17	0.25	70.51
0.49	60.37	0.02	7.51	0.08	30.80
0.40	20.40	0.03	2.46	0.06	12.66
1.64	410.81	0.11	42.23	0.16	225.03
8.32	1 320.82	1.90	412.23	2.51	943.30
454.67	92 672.84	121.85	22 353.27	179.69	44 635.80

2012 年

资金流入 / 资金流出	西藏自治区		陕西省	
	笔数	金额	笔数	金额
北京市	0.36	1 203.60	6.64	11 807.57
天津市	0.04	18.20	0.91	206.71
河北省	0.08	11.43	1.53	263.18
山西省	0.02	2.57	2.37	325.19
内蒙古自治区	0.02	2.36	2.13	228.59
辽宁省	0.05	20.71	1.06	400.62
吉林省	0.02	1.17	0.52	996.11
黑龙江省	0.02	2.03	0.53	439.80
上海市	0.18	25.07	8.07	2 604.45
江苏省	0.14	10.94	3.50	671.08
浙江省	0.24	13.75	3.53	768.77
安徽省	0.08	2.29	1.08	173.23
福建省	0.07	5.07	1.24	1 943.11
江西省	0.04	2.90	0.76	119.09
山东省	0.10	3.52	2.98	539.31
河南省	0.10	12.54	2.75	336.68
湖北省	0.12	15.07	1.55	186.35
湖南省	0.07	5.77	0.88	111.40
广东省	0.29	14.44	2.74	695.85
海南省	0.02	1.51	0.15	83.30
广西壮族自治区	0.02	1.61	0.38	83.67
重庆市	0.10	11.45	0.94	267.67
四川省	0.55	63.79	2.43	328.22
贵州省	0.02	4.66	0.42	83.27
云南省	0.06	3.87	0.53	65.55
西藏自治区	5.47	1 097.12	0.09	11.40
陕西省	0.07	9.06	161.61	23 054.35
甘肃省	0.13	5.54	3.56	349.21
青海省	0.11	16.08	0.62	58.04
宁夏回族自治区	0.01	1.03	1.77	302.09
新疆维吾尔自治区	0.04	3.91	1.36	128.79
深圳市	0.14	49.02	3.39	706.71
合计	8.78	2 642.08	222.02	48 339.36

资金流量流向情况季报表

第三季度 单位：万笔、亿元

甘肃省		青海省		宁夏回族自治区	
笔数	金额	笔数	金额	笔数	金额
2.35	10 874.74	0.78	1 916.92	1.26	3 763.66
0.25	287.73	0.07	26.14	0.20	143.92
0.52	113.38	0.15	12.87	0.36	39.76
0.31	214.39	0.10	19.36	0.25	22.30
0.53	269.02	0.10	18.43	1.54	132.57
0.31	560.05	0.11	32.99	0.18	153.64
0.14	573.74	0.03	17.33	0.11	35.30
0.13	118.36	0.03	1.19	0.06	27.81
2.37	954.20	0.43	176.88	0.78	206.84
1.19	948.76	0.46	101.09	0.76	137.96
1.39	390.69	0.45	82.07	0.72	97.51
0.61	309.32	0.11	12.42	0.21	13.88
0.42	117.26	0.16	24.70	0.24	72.09
0.26	48.58	0.09	15.32	0.12	11.40
0.93	340.62	0.30	82.40	0.66	202.06
0.90	198.41	0.26	41.61	0.41	34.23
0.45	188.48	0.15	18.01	0.20	35.02
0.37	361.25	0.10	12.34	0.13	31.09
1.25	526.15	0.30	47.20	0.56	81.48
0.05	39.79	0.01	0.38	0.01	0.52
0.15	76.60	0.03	9.00	0.05	14.83
0.30	310.06	0.11	15.05	0.13	49.83
1.00	282.05	0.35	59.75	0.33	29.65
0.08	26.89	0.03	7.20	0.03	2.06
0.15	39.80	0.07	28.99	0.05	3.44
0.19	8.73	0.13	11.07	0.01	1.04
2.10	304.52	0.39	44.65	1.10	264.93
75.23	15 412.72	1.10	150.63	1.03	158.83
1.62	109.71	17.83	3 074.28	0.22	11.08
1.34	182.85	0.15	10.46	48.16	4 655.09
1.14	267.24	0.14	9.33	0.17	52.56
0.89	418.28	0.30	69.79	0.45	235.21
98.92	34 874.37	24.82	6 149.85	60.49	10 721.59

资金流入 / 资金流出	新疆维吾尔自治区	
	笔数	金额
北京市	2.55	8 468.07
天津市	0.32	640.50
河北省	0.69	100.13
山西省	0.26	69.10
内蒙古自治区	0.20	53.55
辽宁省	0.34	296.52
吉林省	0.13	463.22
黑龙江省	0.15	41.62
上海市	2.88	1 600.02
江苏省	1.60	1 567.96
浙江省	2.10	1 329.14
安徽省	0.46	161.38
福建省	0.58	836.51
江西省	0.26	23.08
山东省	1.55	451.99
河南省	1.18	120.89
湖北省	0.61	155.63
湖南省	0.39	55.42
广东省	1.13	988.14
海南省	0.05	7.58
广西壮族自治区	0.13	55.95
重庆市	0.44	707.08
四川省	1.18	499.34
贵州省	0.08	38.52
云南省	0.13	206.96
西藏自治区	0.03	3.12
陕西省	0.70	110.09
甘肃省	0.76	231.92
青海省	0.12	11.49
宁夏回族自治区	0.15	54.24
新疆维吾尔自治区	83.89	13 389.85
深圳市	1.14	315.43
合计	106.18	33 054.44

资金流量流向情况季报表

第三季度　　　　单位：万笔、亿元

深圳市		合计	
笔数	金额	笔数	金额
20. 59	86 281. 36	684. 48	1 603 771. 90
2. 92	2 336. 14	198. 27	74 967. 14
3. 20	1 674. 27	415. 86	70 627. 77
1. 62	587. 33	213. 86	45 577. 23
1. 45	700. 55	175. 32	43 816. 32
4. 75	1 955. 30	359. 97	107 234. 36
2. 09	797. 79	163. 38	68 200. 59
2. 47	812. 92	176. 67	44 294. 72
21. 39	22 832. 41	750. 00	609 570. 21
14. 66	4 740. 52	1 148. 28	245 701. 44
17. 04	3 805. 38	1 331. 75	207 016. 10
4. 27	739. 90	434. 38	65 893. 13
8. 88	5 792. 92	677. 96	164 394. 75
7. 03	858. 07	245. 95	41 433. 35
8. 11	2 596. 43	915. 03	153 852. 75
4. 34	866. 71	406. 64	74 794. 23
6. 10	1 162. 86	332. 64	75 671. 00
6. 92	981. 82	324. 47	51 674. 70
91. 37	16 084. 01	1 254. 83	245 318. 56
1. 69	463. 80	55. 64	10 323. 82
4. 46	492. 87	187. 38	34 243. 49
3. 03	1 406. 61	183. 28	68 102. 52
6. 24	1 318. 14	444. 63	92 513. 79
1. 94	347. 50	130. 15	22 081. 85
2. 71	965. 27	188. 00	44 319. 18
0. 08	25. 05	8. 45	2 554. 94
2. 86	869. 77	218. 59	48 515. 54
1. 32	605. 35	107. 88	34 748. 90
0. 31	29. 93	26. 93	5 950. 29
0. 53	223. 56	64. 60	10 630. 02
1. 39	241. 72	117. 21	32 359. 46
316. 17	72 860. 39	617. 35	234 791. 83
571. 93	235 456. 65	12 559. 83	4 634 944. 88

2012 年

资金流入 资金流出	政策性银行		国有商业银行	
	笔数	金额	笔数	金额
政策性银行	0. 60	17 685. 99	30. 49	27 259. 37
国有商业银行	23. 35	28 710. 78	3 557. 12	973 849. 47
股份制商业银行	4. 23	25 954. 58	1 466. 10	255 361. 28
城市商业银行	3. 44	32 338. 11	928. 95	101 214. 05
农村商业银行	0. 57	9 779. 61	163. 11	19 416. 03
城市信用社				
农村信用社	4. 75	7 207. 79	729. 28	58 167. 49
外资银行	0. 38	3 842. 56	104. 32	28 293. 93
中国邮政储蓄银行	0. 59	5 065. 88	87. 38	16 108. 77
其他	1. 95	19 628. 52	119. 62	198 379. 07
合计	39. 86	150 213. 82	7 186. 37	1 678 049. 46

资金流量流向情况季报表

第三季度　　　　　　　　　　　　单位：万笔、亿元

股份制商业银行		城市商业银行	
笔数	金额	笔数	金额
3.90	24 036.98	3.64	32 396.93
1 416.40	257 731.74	621.17	104 970.61
519.15	738 049.98	212.21	118 793.93
268.40	118 050.86	89.36	107 672.15
36.73	18 100.62	14.82	15 685.02
131.67	47 192.31	85.85	25 254.26
36.80	26 634.52	11.42	7 026.75
15.41	14 606.22	9.09	7 533.58
21.14	131 882.79	21.81	74 013.73
2 449.60	1 376 286.02	1 069.37	493 346.96

2012 年

资金流入 资金流出	农村商业银行		城市信用社	
	笔数	金额	笔数	金额
政策性银行	0.56	9 707.87		
国有商业银行	125.12	18 900.87		
股份制商业银行	40.70	19 079.01		
城市商业银行	21.64	15 686.28		
农村商业银行	8.91	3 099.24		
城市信用社				
农村信用社	13.01	5 492.36		
外资银行	3.36	1 690.38		
中国邮政储蓄银行	1.57	811.40		
其他	2.38	15 486.93		
合计	217.25	89 954.34	0.00	0.00

资金流量流向情况季报表

第三季度 单位：万笔、亿元

农村信用社		外资银行	
笔数	金额	笔数	金额
7. 33	7 959. 54	0. 29	3 547. 14
701. 50	56 999. 78	68. 56	28 875. 25
147. 89	48 636. 41	30. 93	28 115. 49
123. 69	25 315. 84	13. 78	7 738. 89
26. 28	5 640. 31	2. 33	1 543. 25
30. 49	16 112. 45	5. 03	522. 32
5. 92	759. 25	13. 75	63 156. 68
13. 42	1 837. 93	0. 45	1 704. 85
27. 00	36 946. 63	6. 23	18 150. 59
1 083. 52	200 208. 14	141. 35	153 354. 46

2012 年

资金流入 资金流出	中国邮政储蓄银行	
	笔数	金额
政策性银行	1. 14	4 946. 44
国有商业银行	172. 18	14 476. 68
股份制商业银行	26. 09	15 595. 55
城市商业银行	22. 66	7 189. 23
农村商业银行	4. 05	768. 19
城市信用社		
农村信用社	21. 97	1 706. 55
外资银行	0. 77	1 831. 03
中国邮政储蓄银行		
其他	5. 54	10 035. 10
合计	254. 40	56 548. 77

资金流量流向情况季报表

第三季度　　　　　　　　　　　　　　　　　　　　单位：万笔、亿元

其他		合计	
笔数	金额	笔数	金额
1.70	21 017.11	49.65	148 557.37
56.45	156 984.35	6 741.85	1 641 499.53
11.32	76 840.68	2 458.62	1 326 426.91
11.25	56 045.40	1 483.17	471 250.81
1.18	11 804.34	257.98	85 836.61
		0.00	0.00
13.37	34 333.38	1 035.42	195 988.91
2.18	15 740.07	178.90	148 975.17
4.28	9 039.30	132.19	56 707.93
16.38	55 178.28	222.05	559 701.64
118.11	436 982.91	12 559.83	4 634 944.88

2012 年

行别 \ 项目	发起业务			
	借记		贷记	
	笔数	金额	笔数	金额
政策性银行	3.07	148.02	13.75	15.21
国有商业银行	971.02	21 255.22	10 528.06	10 397.10
股份制商业银行	245.43	19 901.10	4 573.78	4 190.45
城市商业银行	166.96	5 336.64	1 731.13	1 605.10
农村商业银行	31.37	316.23	181.08	195.77
城市信用社	0.00	0.00	0.00	0.00
农村信用社	149.46	5 268.39	1 020.79	1 138.83
外资银行	5.89	49.91	666.43	412.78
中国邮政储蓄银行	4.46	164.23	164.92	113.52
其他	1.28	3 604.43	450.17	5 028.11
合计	1 578.94	56 044.17	19 330.11	23 096.87

业务情况季报表

第三季度　　　　　　　　　　　　　　　　　　　　单位：万笔、亿元

接收业务				应付总金额	应收总金额
借记		贷记			
笔数	金额	笔数	金额		
2.76	187.30	11.93	38.25	202.51	186.27
948.46	23 871.30	10 914.68	11 637.94	34 268.40	32 893.16
247.93	17 654.33	3 842.06	4 419.28	21 844.78	24 320.38
155.05	4 911.00	1 533.07	1 913.90	6 516.10	7 250.54
37.80	357.01	271.92	324.24	552.78	640.47
0.00	0.00	0.00	0.00	0.00	0.00
174.52	5 224.13	1 832.23	1 717.61	6 362.96	6 986.00
6.15	46.71	159.00	164.90	459.49	214.81
4.97	176.75	757.17	412.01	290.27	576.24
1.29	3 615.60	7.97	2 468.76	8 643.71	6 073.19
1 578.93	56 044.13	19 330.03	23 096.89	79 141.00	79 141.06

2012 年

行别 \ 项目	提出票据			
	借记		贷记	
	笔数	金额	笔数	金额
政策性银行	1.57	108.66	16.86	1 854.56
国有商业银行	2 260.07	19 411.44	1 558.99	51 009.78
股份制商业银行	1 107.29	9 870.13	598.12	28 278.70
城市商业银行	419.81	6 273.11	424.61	14 663.73
农村商业银行	378.38	3 731.82	348.91	8 129.57
城市信用社	1.35	5.38	1.57	39.20
农村信用社	169.79	1 813.14	275.76	4 602.35
外资银行	5.36	95.10	30.85	949.64
中国邮政储蓄银行	44.35	570.23	33.00	1 575.12
其他	1 450.36	3 736.78	1 230.32	12 925.45
合计	5 838.33	45 615.79	4 518.99	124 028.10

情况季报表

第三季度 单位：万笔、亿元

提入票据				应付总金额	应收总金额
借记		贷记			
笔数	金额	笔数	金额		
4. 83	187. 57	19. 56	1 314. 12	2 042. 13	1 422. 78
2 921. 59	21 881. 11	2 334. 53	55 776. 63	72 890. 89	75 188. 07
737. 86	10 217. 88	549. 28	24 974. 54	38 496. 58	34 844. 67
468. 95	4 954. 85	336. 07	11 555. 14	19 618. 58	17 828. 25
591. 04	3 171. 64	261. 30	8 348. 97	11 301. 21	12 080. 79
0. 17	6. 10	1. 65	45. 76	45. 30	51. 14
389. 13	1 130. 16	203. 18	3 723. 72	5 732. 51	5 536. 86
9. 39	148. 62	15. 22	792. 86	1 098. 26	887. 96
330. 45	439. 65	154. 42	1 591. 44	2 014. 77	2 161. 67
384. 92	3 478. 21	643. 78	15 904. 92	16 403. 66	19 641. 70
5 838. 33	45 615. 79	4 518. 99	124 028. 10	169 643. 89	169 643. 89

2012 年

业务量 / 行别	借记	
	笔数	金额
政策性银行		0.01
国有商业银行	53 218.77	186 342.56
股份制商业银行	5 626.18	130 631.58
城市商业银行	7 748.86	81 326.77
农村商业银行	10 082.41	27 463.95
城市信用社		
农村信用社	3 828.20	15 687.04
外资银行	0.07	13.50
中国邮政储蓄银行	0.44	5.44
合计	80 504.93	441 470.85

支付业务情况季报表

第三季度　　单位：万笔、亿元

贷记		小计	
笔数	金额	笔数	金额
20.18	1 545.30	20.18	1 545.31
100 666.82	717 247.44	153 885.59	903 590.00
10 868.41	221 864.39	16 494.59	352 495.97
4 880.53	134 365.58	12 629.39	215 692.35
10 099.12	36 244.92	20 181.53	63 708.87
		0.00	0.00
4 672.81	28 461.89	8 501.01	44 148.93
13.15	21 244.16	13.22	21 257.66
18 032.68	22 605.61	18 033.12	22 611.05
149 253.70	1 183 579.29	229 758.63	1 625 050.14

2012 年

项目 行别	存现			
	发卡		受理	
	笔数	金额	笔数	金额
政策性银行				
国有商业银行				
股份制商业银行	149. 87	170. 45	54. 36	91. 42
城市商业银行	104. 24	328. 39	164. 99	363. 98
农村商业银行	2. 49	12. 23	36. 90	55. 41
城市信用社	0. 05	0. 07	0. 39	0. 32
农村信用社			0. 01	
外资银行				
中国邮政储蓄银行				
其他		0. 01		0. 01
合计	256. 65	511. 15	256. 65	511. 14

交易情况季报表

第三季度　　　　单位：万笔、亿元

取现							
ATM				柜面			
发卡		受理		发卡		受理	
笔数	金额	笔数	金额	笔数	金额	笔数	金额
33 000.47	3 318.06	34 405.25	3 747.16	244.97	32.34		
15 293.04	1 658.76	10 719.47	1 064.39	53.64	108.90	24.00	81.62
7 008.64	818.82	3 649.69	342.22	79.29	320.16	76.71	325.51
1 538.54	149.90	4 516.73	416.42	13.64	15.36	20.39	32.38
71.68	7.37	11.01	0.95	0.09	0.10	0.09	0.10
5 792.57	629.04	7 601.60	744.61	25.03	3.87	302.78	41.16
160.10	23.38	145.81	16.69				
6 442.29	451.60	7 986.84	671.05	49.73	5.62	44.29	5.91
409.60	54.99	680.54	108.43	1.88	0.34	0.01	0.01
69 716.93	7 111.92	69 716.94	7 111.92	468.27	486.69	468.27	486.69

2012 年

行别 \ 项目	POS 消费			
	发卡		收单	
	笔数	金额	笔数	金额
政策性银行				
国有商业银行	72 595.16	25 965.12	66 019.71	16 839.02
股份制商业银行	49 143.71	10 104.20	26 322.38	13 117.29
城市商业银行	8 847.98	2 149.52	6 305.52	1 922.29
农村商业银行	1 973.06	636.71	2 661.40	658.50
城市信用社	17.49	7.07	7.88	5.70
农村信用社	4 138.27	3 065.03	3 344.77	1 666.91
外资银行	97.33	31.63	57.49	42.49
中国邮政储蓄银行	7 149.25	1 894.96	1 964.97	474.24
其他	594.67	154.27	37 872.80	9 282.07
合计	144 556.92	44 008.51	144 556.92	44 008.51

交易情况季报表

第三季度　　　　单位：万笔、亿元

转　账							
ATM				柜面			
发卡		受理		发卡		受理	
笔数	金额	笔数	金额	笔数	金额	笔数	金额
115.19	72.41	108.75	70.11				
88.86	43.42	76.03	40.70	0.37	5.15	0.03	0.21
42.68	31.65	37.90	29.02	7.79	81.33	8.28	88.26
50.33	13.58	61.10	15.50	0.23	3.64	0.08	1.65
0.17	0.09	0.13	0.07				
102.51	55.58	107.43	55.89				
0.45	0.31	0.38	0.23				
64.23	11.36	68.47	15.80				
1.84	2.12	6.06	3.20				
466.26	230.52	466.25	230.52	8.39	90.12	8.39	90.12

三、银行结算账户类报表

银行结算账户数量

2012 年

账户性质 行别	本地存款人					异地存							
	基本存款账户	一般存款账户	专用存款账户	临时存款账户	小计	基本存款账户				一般存款账户			
						同一地市	同一省市	不同省市	小计	同一地市	同一省市	不同省市	小计
政策性银行	46 186	37 127	65 950	508	149 771	1 643	66	30	1 739	5 755	14 509	2 193	22 457
国有商业银行	10 102 561	3 684 779	1 531 844	56 232	15 375 416	110 473	18 591	6 967	136 031	210 007	121 608	121 376	452 991
股份制银行	1 859 196	1 784 324	157 365	7 373	3 808 258	19 384	4 886	2 894	27 164	149 445	153 509	101 560	404 514
城市商业银行	2 092 916	1 389 151	210 802	12 828	3 705 697	30 437	4 206	4 895	39 538	96 808	69 947	46 186	212 941
农村商业银行	905 178	262 880	67 639	1 602	1 237 299	6 878	1 708	629	9 215	17 102	8 529	5 732	31 363
城市信用社	37 695	10 181	2 967	321	51 164	536	44	12	592	1 416	618	472	2 506
农村信用社	2 972 293	837 613	321 283	19 901	4 151 090	26 674	3 636	1 181	31 491	71 387	26 580	20 276	118 243
外资银行	20 167	77 601	2 934	35	100 737	151	40	671	862	3 816	8 377	22 650	34 843
中国邮政储蓄银行	230 402	176 546	36 390	2 608	445 946	2 040	272	75	2 387	7 871	4 035	2 246	14 152
其他	24 126	68 508	4 141	423	97 198	350	129	9	488	5 531	1 954	1 131	8 616
合计	18 290 720	8 328 710	2 401 315	101 831	29 122 576	198 566	33 578	17 363	249 507	569 138	409 666	323 822	1 302 626

注：本报表中空格部分表示该项户数小于 50 户，余同。

季报表（按行别）

第三季度　　　　　　　　　　　　　　　　　　　　　　　　　　　　单位：户

款人									个人银行账户	合计
专用存款账户				临时存款账户				小计		
同一地市	同一省市	不同省市	小计	同一地市	同一省市	不同省市	小计			
4 205	1 076	276	5 557	214	588	457	1 259	31 012	55	180 838
37 663	23 168	23 727	84 558	11 032	39 060	49 268	99 360	772 940	2 869 318 021	2 885 466 377
4 760	5 420	13 456	23 636	230	1 445	3 452	5 127	460 441	500 320 128	504 588 827
6 183	3 543	3 802	13 528	708	3 413	4 044	8 165	274 172	196 014 979	199 994 848
1 088	434	263	1 785	186	419	819	1 424	43 787	81 059 153	82 340 239
77	76	30	183	40	199	95	334	3 615	2 487 606	2 542 385
8 232	3 830	1 047	13 109	3 130	6 714	4 419	14 263	177 106	459 611 269	463 939 465
90	416	770	1 276			15	15	36 996	1 938 373	2 076 106
1 135	590	495	2 220	408	1 079	527	2 014	20 773	595 249 156	595 715 875
191	149	75	415	80	215	171	466	9 985	798 119	905 302
63 624	38 702	43 941	146 267	16 028	53 132	63 267	132 427	1 830 827	4 706 796 859	4 737 750 262

2012 年

注册资金规模 / 账户性质 / 行别	100 万元以下				100 万～1 000 万元			
	基本存款账户	一般存款账户	专用存款账户	临时存款账户	基本存款账户	一般存款账户	专用存款账户	临时存款账户
政策性银行	22 069	13 098	26 087	532	16 807	11 493	20 668	147
国有商业银行	8 372 676	1 966 599	997 350	61 397	1 420 126	1 246 336	275 629	19 689
股份制商业银行	1 492 713	811 754	74 855	7 516	293 939	655 345	30 922	720
城市商业银行	1 784 627	767 446	109 819	13 225	279 960	476 318	46 019	1 613
农村商业银行	793 101	149 318	47 974	1 926	98 315	87 966	12 006	301
城市信用社	33 075	5 773	1 963	363	4 215	4 120	565	94
农村信用社	2 603 676	481 158	254 701	20 150	332 161	293 227	43 742	3 402
外资银行	16 180	30 370	770	35	3 055	34 244	1 153	1
中国邮政储蓄银行	215 038	107 744	29 597	2 615	15 742	51 209	4 191	431
其他	19 214	30 907	2 358	419	4 414	27 202	953	102
合计	15 352 369	4 364 167	1 545 474	108 178	2 468 734	2 887 460	435 848	26 500

（按注册资金规模）

第三季度　　　　　　　　　　　　　　　　　　　　　　　　单位：户

1 000万~1亿元				1亿元以上				小计				合计
基本存款账户	一般存款账户	专用存款账户	临时存款账户	基本存款账户	一般存款账户	专用存款账户	临时存款账户	基本存款账户	一般存款账户	专用存款账户	临时存款账户	
7 699	18 906	17 884	662	1 350	16 087	6 868	426	47 925	59 584	71 507	1 767	180 783
379 587	730 554	222 663	45 050	66 203	194 281	120 760	29 456	10 238 592	4 137 770	1 616 402	155 592	16 148 356
86 173	524 388	33 275	1 812	13 535	197 351	41 949	2 452	1 886 360	2 188 838	181 001	12 500	4 268 699
61 584	280 877	32 634	3 951	6 283	77 451	35 858	2 204	2 132 454	1 602 092	224 330	20 993	3 979 869
21 484	46 510	7 142	545	1 493	10 449	2 302	254	914 393	294 243	69 424	3 026	1 281 086
908	2 370	503	159	89	424	119	39	38 287	12 687	3 150	655	54 779
63 195	152 360	29 119	8 390	4 752	29 111	6 830	2 222	3 003 784	955 856	334 392	34 164	4 328 196
1 321	31 392	1 399		473	16 438	888	14	21 029	112 444	4 210	50	137 733
1 862	25 813	3 465	1 227	147	5 932	1 357	349	232 789	190 698	38 610	4 622	466 719
899	16 027	955	270	87	2 988	290	98	24 614	77 124	4 556	889	107 183
624 712	1 829 197	349 039	62 066	94 412	550 512	217 221	37 514	18 540 227	9 631 336	2 547 582	234 258	30 953 403

2012 年

行别 \ 账户性质 \ 行业分类	农、林、牧、渔业				采掘业			
	基本存款账户	一般存款账户	专用存款账户	临时存款账户	基本存款账户	一般存款账户	专用存款账户	临时存款账户
政策性银行	23 321	6 290	23 342	81	73	513	117	
国有商业银行	445 434	138 293	59 594	3 561	84 750	39 302	20 197	1 350
股份制商业银行	24 894	48 362	2 737	151	2 874	17 106	698	33
城市商业银行	55 896	47 162	5 152	503	6 623	12 367	1 946	90
农村商业银行	66 410	9 372	3 052	120	2 537	1 158	250	13
城市信用社	1 713	617	141	24	660	399	48	5
农村信用社	338 626	46 168	22 129	1 588	31 767	13 757	5 407	308
外资银行	119	1 337	27		25	382	6	
中国邮政储蓄银行	13 123	10 105	1 874	146	868	1 991	222	23
其他	3 382	6 502	393	25	166	1 071	27	4
合计	972 918	314 208	118 441	6 199	130 343	88 046	28 918	1 826

季报表（按行业归属）

第三季度　　　　　　　　　　　　　　　　　　　　　　　　单位：户

制造业				电力、燃气及水的生产和供应业				建筑业			
基本存款账户	一般存款账户	专用存款账户	临时存款账户	基本存款账户	一般存款账户	专用存款账户	临时存款账户	基本存款账户	一般存款账户	专用存款账户	临时存款账户
2 574	8 730	5 758	19	499	2 383	807	23	447	6 743	1 837	1 022
1 388 195	920 830	185 733	3 943	82 500	47 727	37 737	2 418	354 552	241 645	83 590	77 032
132 814	448 404	23 474	334	7 129	23 444	2 211	91	60 074	111 914	10 552	4 583
185 322	294 449	21 619	677	8 584	14 777	2 242	144	75 509	100 729	17 127	6 705
247 909	93 134	17 735	183	4 246	2 748	610	15	28 882	17 685	2 243	908
3 674	2 303	207	24	310	230	41	6	1 326	1 039	236	216
547 145	239 427	17 796	893	32 214	13 393	6 867	455	80 472	58 265	10 897	12 013
1 796	40 790	1 954		44	712	39		465	2 279	54	15
10 191	38 609	673	104	1 044	3 386	766	76	5 936	9 645	1 747	1 726
2 118	24 561	555	12	159	857	82	14	963	4 253	260	376
2 521 738	2 111 237	275 504	6 189	136 729	109 657	51 402	3 242	608 626	554 197	128 543	104 596

2012 年

行业分类 / 账户性质 / 行别	交通运输、仓储和邮政业				信息传输、计算机服务和软件业			
	基本存款账户	一般存款账户	专用存款账户	临时存款账户	基本存款账户	一般存款账户	专用存款账户	临时存款账户
政策性银行	3 341	1 855	4 156	55	51	575	49	5
国有商业银行	228 981	98 342	56 950	4 712	316 552	113 039	42 133	819
股份制商业银行	31 493	47 978	4 029	232	118 421	82 649	4 367	106
城市商业银行	34 053	32 712	4 563	429	84 971	59 030	5 532	97
农村商业银行	16 144	6 313	910	148	13 037	4 419	511	13
城市信用社	604	265	88	8	897	196	17	1
农村信用社	49 393	18 818	5 823	1 553	41 082	17 250	1 990	86
外资银行	388	2 832	94		1 505	4 244	80	
中国邮政储蓄银行	4 448	5 834	2 459	194	7 707	6 288	875	18
其他	450	1 326	72	27	377	787	15	1
合计	369 295	216 275	79 144	7 358	584 600	288 477	55 569	1 146

季报表（按行业归属）

第三季度　　　　单位：户

批发和零售业				住宿和餐饮业				金融业			
基本存款账户	一般存款账户	专用存款账户	临时存款账户	基本存款账户	一般存款账户	专用存款账户	临时存款账户	基本存款账户	一般存款账户	专用存款账户	临时存款账户
7 728	5 532	8 576	18	108	244	94		1 843	1 788	4 457	2
3 595 411	1 252 201	225 556	7 084	229 217	67 223	15 272	429	50 085	39 402	71 860	416
747 778	726 812	24 371	1 178	44 813	29 621	1 423	103	10 699	22 728	27 661	54
876 973	539 275	35 498	2 563	45 752	22 978	2 689	129	10 954	11 101	7 235	36
282 370	86 553	8 929	141	18 805	3 552	340	6	1 397	2 019	1 236	7
13 935	3 402	202	29	1 028	232	21		186	67	123	5
775 467	276 382	13 888	2 729	58 262	14 683	1 260	177	9 476	6 014	9 495	115
7 532	31 743	803	3	476	1 422	26		326	1 455	331	2
114 965	55 559	1 117	132	5 641	3 138	86	10	2 249	1 078	2 109	9
8 256	17 512	339	12	582	999	23		488	1 249	470	2
6 430 415	2 994 971	319 279	13 889	404 684	144 092	21 234	854	87 703	86 901	124 977	648

银行结算账户数量

2012 年

行别 \ 账户性质 \ 行业分类	房地产业				租赁和商务服务业			
	基本存款账户	一般存款账户	专用存款账户	临时存款账户	基本存款账户	一般存款账户	专用存款账户	临时存款账户
政策性银行	285	3 044	952	22	294	2 103	716	10
国有商业银行	188 426	242 907	85 736	3 955	383 612	130 567	43 745	1 553
股份制商业银行	37 857	107 749	10 980	126	111 395	81 406	5 868	188
城市商业银行	31 919	66 088	9 585	312	88 129	57 207	5 269	194
农村商业银行	7 747	12 127	3 145	80	25 051	8 145	1 016	20
城市信用社	681	797	190	22	982	275	17	7
农村信用社	32 547	45 902	10 339	881	52 944	23 311	2 221	224
外资银行	307	4 465	138	2	3 019	5 419	211	1
中国邮政储蓄银行	2 210	6 163	839	98	10 046	4 881	289	38
其他	395	2 876	192	27	999	1 892	72	7
合计	302 374	492 118	122 096	5 525	676 471	315 206	59 424	2 242

季报表（按行业归属）

第三季度　　单位：户

科学研究、技术服务和地质勘查业				水利、环境和公共设施管理业				居民服务和其他服务业			
基本存款账户	一般存款账户	专用存款账户	临时存款账户	基本存款账户	一般存款账户	专用存款账户	临时存款账户	基本存款账户	一般存款账户	专用存款账户	临时存款账户
83	522	104	11	710	2 323	1 982	169	494	2 805	1 136	25
136 263	39 087	23 903	2 044	69 604	25 819	30 166	8 284	965 021	232 500	67 485	4 945
35 990	25 763	2 706	93	9 316	14 250	2 891	550	195 716	117 345	8 776	716
23 636	18 182	2 632	155	10 782	11 168	3 629	887	217 949	97 151	12 457	1 054
4 757	1 782	261	11	4 071	1 896	648	177	60 822	12 562	3 339	110
287	74	24	5	227	98	87	46	3 823	766	114	20
18 407	6 449	733	203	18 299	6 667	4 851	2 106	263 393	52 609	16 918	1 324
504	1 342	41		55	262	12		1 449	3 775	98	8
3 577	1 317	107	39	1 276	1 452	755	715	32 086	13 631	2 186	308
201	423	21	5	136	675	125	104	1 883	3 601	219	17
223 705	94 941	30 532	2 566	114 476	64 610	45 146	13 038	1 742 636	536 745	112 728	8 527

2012 年

行业分类 / 账户性质 / 行别	教育				卫生、社会保障和社会福利业			
	基本存款账户	一般存款账户	专用存款账户	临时存款账户	基本存款账户	一般存款账户	专用存款账户	临时存款账户
政策性银行	57	638	136	9	102	572	345	1
国有商业银行	117 965	19 593	50 798	604	121 478	30 629	77 981	997
股份制商业银行	13 760	8 848	3 917	45	11 566	10 539	4 290	104
城市商业银行	20 093	7 640	5 831	105	18 705	10 221	7 486	182
农村商业银行	9 426	1 110	2 072	23	8 154	1 665	2 185	29
城市信用社	378	86	67	3	422	157	267	14
农村信用社	63 935	4 451	15 191	167	58 568	7 089	23 667	268
外资银行	71	210	6		48	170	3	1
中国邮政储蓄银行	2 814	1 371	849	22	3 018	2 994	5 097	71
其他	232	285	53	3	133	440	129	7
合计	228 731	44 232	78 920	981	222 194	64 476	121 450	1 674

季报表（按行业归属）

第三季度　　　　　　　　　　　　　　　　　　　　　　　　单位：户

文化、教育和娱乐业				公共管理与社会组织				其他行业			
基本存款账户	一般存款账户	专用存款账户	临时存款账户	基本存款账户	一般存款账户	专用存款账户	临时存款账户	基本存款账户	一般存款账户	专用存款账户	临时存款账户
73	339	92	2	835	3 415	6 695	45	5 007	9 170	10 156	248
167 977	34 776	26 503	1 284	317 073	35 003	221 505	8 824	995 495	388 886	189 958	21 338
47 500	22 123	2 611	369	28 532	13 602	14 923	916	213 740	228 194	22 516	2 528
33 613	16 065	2 978	376	40 200	13 327	21 680	1 668	262 791	170 463	49 180	4 687
6 941	1 547	483	25	26 258	3 160	11 816	236	79 429	23 296	8 643	761
552	81	44	22	1 332	260	673	50	5 270	1 343	543	148
32 456	6 618	3 021	215	165 595	12 541	104 215	2 651	333 736	86 062	57 684	6 208
520	624	9	3	135	148	34	5	2 245	8 833	244	10
3 470	1 872	345	41	6 264	4 736	10 707	514	1 856	16 648	5 508	338
372	364	25	5	524	1 150	930	64	2 798	6 301	554	177
293 474	84 409	36 111	2 342	586 748	87 342	393 178	14 973	1 902 367	939 196	344 986	36 443

银行结算账户数量

2012 年

行别 \ 账户性质 \ 行业分类	小	
	基本存款账户	一般存款账户
政策性银行	47 925	59 584
国有商业银行	10 238 591	4 137 771
股份制商业银行	1 886 361	2 188 837
城市商业银行	2 132 454	1 602 092
农村商业银行	914 393	294 243
城市信用社	38 287	12 687
农村信用社	3 003 784	955 856
外资银行	21 029	112 444
中国邮政储蓄银行	232 789	190 698
其他	24 614	77 124
合计	18 540 227	9 631 336

季报表（按行业归属）

第三季度 单位：户

计		合计
专用存款账户	临时存款账户	
71 507	1 767	180 783
1 616 402	155 592	16 148 356
181 001	12 500	4 268 699
224 330	20 993	3 979 869
69 424	3 026	1 281 086
3 150	655	54 779
334 392	34 164	4 328 196
4 210	50	137 733
38 610	4 622	466 719
4 556	889	107 183
2 547 582	234 258	30 953 403

2012 年

存款人类别 / 账户性质 / 行别	企业法人				非法人企业				机关、事业单位			
	基本存款账户	一般存款账户	专用存款账户	临时存款账户	基本存款账户	一般存款账户	专用存款账户	临时存款账户	基本存款账户	一般存款账户	专用存款账户	临时存款账户
政策性银行	41 844	49 741	55 527	1 191	2 238	1 799	3 155	55	2 499	6 776	12 417	9
国有商业银行	6 197 679	3 550 195	890 518	93 609	835 098	241 223	133 248	4 731	498 813	75 617	547 899	691
股份制商业银行	1 265 228	1 958 361	128 197	4 941	140 777	79 532	10 886	149	22 634	26 814	37 290	23
城市商业银行	1 302 089	1 423 129	153 189	7 762	157 032	68 373	10 078	330	49 765	29 237	54 128	28
农村商业银行	479 592	250 202	36 835	1 298	123 818	18 780	4 979	76	19 748	5 010	18 718	4
城市信用社	20 938	10 941	1 389	305	2 182	491	90	21	1 819	559	1 583	6
农村信用社	1 267 788	803 422	96 639	13 462	276 181	56 917	11 461	658	192 550	24 032	196 937	95
外资银行	14 974	106 778	3 828	15	1 524	3 723	153		5	109	38	0
中国邮政储蓄银行	99 780	145 488	9 871	1 920	13 215	13 482	4 205	82	5 766	8 501	22 801	10
其他	14 901	65 806	2 559	443	1 899	4 078	180	23	383	1 611	1 559	1
合计	10 704 813	8 364 063	1 378 552	124 946	1 553 964	488 398	178 435	6 125	793 982	178 266	893 370	867

（按存款人类别）

第三季度　　　　　　　　　　　　　　　　　　　　　　单位：户

社会团体				民办非企业组织				异地常设机构			
基本存款账户	一般存款账户	专用存款账户	临时存款账户	基本存款账户	一般存款账户	专用存款账户	临时存款账户	基本存款账户	一般存款账户	专用存款账户	临时存款账户
163	103	20		93	95	22		1	7	2	
198 917	7 558	6 614	4	88 127	13 808	5 999	4	6 800	611	513	7
30 472	4 528	980		14 959	6 525	1 364	1	2 353	386	35	
37 379	3 250	1 148		22 940	5 698	1 208	3	1 491	313	33	
16 465	650	2 054		7 752	853	200	1	57	9	1	
722	28	20		400	50	9		4	1		
59 585	1 862	2 277	3	33 522	3 012	729	2	285	62	27	1
116	72	5		27	108			17	18		
4 149	668	361		3 075	1 096	193		7	12	1	
535	256	15		300	265	13					
348 503	18 975	13 494	7	171 195	31 510	9 737	11	11 015	1 419	612	8

银行结算账户数量季报表

2012 年

存款人类别 / 账户性质 / 行别	外国驻华机构				个体工商户				居民委员会、村民委员会、社区委员会			
	基本存款账户	一般存款账户	专用存款账户	临时存款账户	基本存款账户	一般存款账户	专用存款账户	临时存款账户	基本存款账户	一般存款账户	专用存款账户	临时存款账户
政策性银行	1	6			681	635	192	3	19	94	11	
国有商业银行	11 925	854	534	7	2 232 972	222 620	12 510	383	28 174	8 852	5 189	
股份制商业银行	4 309	652	46		385 010	103 731	955	13	1 237	2 141	383	
城市商业银行	1 276	201	46		520 492	62 622	2 297	50	4 766	3 454	960	
农村商业银行	30	7			217 413	16 751	1 809	45	22 192	893	3 419	
城市信用社					11 687	532	19	2	185	33	15	
农村信用社	113	39		1	847 162	56 505	2 629	76	196 815	5 249	18 362	
外资银行	652	323	46		1 474	689			2	8		
中国邮政储蓄银行	7	4			99 439	17 628	136	5	2 751	2 023	694	
其他		1			5 864	4 055	66	2	198	513	114	
合计	18 313	2 087	672	8	4 322 194	485 768	20 613	579	256 339	23 260	29 147	

（按存款人类别）

第三季度　　　　单位：户

单位设立的独立核算的附属机构				其他组织				小　计				合计
基本存款账户	一般存款账户	专用存款账户	临时存款账户	基本存款账户	一般存款账户	专用存款账户	临时存款账户	基本存款账户	一般存款账户	专用存款账户	临时存款账户	
43	20	12	1	343	308	149	508	47 925	59 584	71 507	1 767	180 783
25 966	1 107	2 391	37	114 121	15 325	10 987	56 119	10 238 592	4 137 770	1 616 402	155 592	16 148 356
2 625	387	133		16 756	5 781	732	7 373	1 886 360	2 188 838	181 001	12 500	4 268 699
4 150	398	141	1	31 074	5 417	1 102	12 819	2 132 454	1 602 092	224 330	20 993	3 979 869
3 520	68	42		23 806	1 020	1 367	1 602	914 393	294 243	69 424	3 026	1 281 086
51	7	5		299	45	20	321	38 287	12 687	3 150	655	54 779
12 895	341	625	1	116 888	4 415	4 706	19 865	3 003 784	955 856	334 392	34 164	4 328 196
2	1			2 236	615	140	35	21 029	112 444	4 210	50	137 733
187	174	96		4 413	1 622	252	2 605	232 789	190 698	38 610	4 622	466 719
45	13	4		489	526	46	420	24 614	77 124	4 556	889	107 183
49 484	2 516	3 449	40	310 425	35 074	19 501	101 667	18 540 227	9 631 336	2 547 582	234 258	30 953 403

第三部分

支付业务地域及行别分布状况

表格 1　票据业务量分地区（按业务笔数）

单位：万笔

省份	业务量	省份	业务量
北京	949.06	湖北	677.49
天津	441.50	湖南	389.53
河北	503.49	广东	1 820.95
山西	383.47	海南	72.53
内蒙古	463.75	广西	328.55
辽宁	752.63	重庆	756.4
吉林	212.00	四川	820.31
黑龙江	372.29	贵州	299.47
上海	1 207.21	云南	415.53
江苏	1 747.57	西藏	25.16
浙江	1 515.75	陕西	377.83
安徽	615.27	甘肃	372.56
福建	503.68	青海	70.64
江西	384.66	宁夏	109.41
山东	1 344.15	新疆	511.58
河南	709.90	深圳	373.40

表格 2　票据业务量分地区（按业务金额）

单位：亿元

省份	业务量	省份	业务量
北京	140 233.61	湖北	17 328.84
天津	14 068.87	湖南	10 075.39
河北	14 836.07	广东	55 047.67
山西	11 085.69	海南	2 622.14
内蒙古	9 948.61	广西	14 028.39
辽宁	18 076.32	重庆	13 417.01
吉林	8 524.28	四川	20 456.20
黑龙江	6 609.07	贵州	6 932.18
上海	46 117.12	云南	11 501.48
江苏	68 096.39	西藏	477.70
浙江	75 882.76	陕西	11 523.75
安徽	24 741.19	甘肃	4 086.66
福建	21 018.87	青海	3 975.02
江西	11 806.40	宁夏	2 144.75
山东	49 460.50	新疆	10 310.14
河南	20 174.88	深圳	17 500.42

表格3 票据业务量分行别（按业务笔数）①

行别	排名	行别	排名
中国工商银行	1	国家开发银行	30
农村商业银行	2	渣打银行	31
中国农业银行	3	瑞穗实业银行	32
城市商业银行	4	友利银行	33
中国银行	5	韩亚银行	34
农村信用社	6	花旗银行	35
中国建设银行	7	厦门国际银行	36
交通银行	8	新韩银行	37
农村合作银行	9	东方汇理银行	38
广发银行	10	外换银行	39
上海浦东发展银行	11	恒生银行	40
中信银行	12	星展银行	41
招商银行	13	南洋商业银行	42
兴业银行	14	华侨银行	43
中国邮政储蓄银行	15	华一银行	44
中国民生银行	16	大华银行	45
中国光大银行	17	法国兴业银行	46
华夏银行	18	苏格兰皇家银行	47
深圳发展银行	19	德意志银行	48
中国农业发展银行	20	澳大利亚和新西兰银行	49
恒丰银行	21	中国进出口银行	50
三井住友银行	22	永亨银行	51
浙商银行	23	华商银行	52
渤海银行	24	首都银行	53
东亚银行	25	大新银行	54
外国银行分行	26	法国巴黎银行	55
汇丰银行	27	盘谷银行	56
三菱东京日联银行	28	摩根大通银行	57
企业银行	29	华美银行	58

① 统计期间未发生业务的银行不参与排名，下同。

表格 4　票据业务量分行别（按业务金额）

行别	排名	行别	排名
中国工商银行	1	华商银行	30
城市商业银行	2	渣打银行	31
中国建设银行	3	南洋商业银行	32
中国农业银行	4	花旗银行	33
中国银行	5	恒生银行	34
农村商业银行	6	韩亚银行	35
农村信用社	7	三菱东京日联银行	36
交通银行	8	瑞穗实业银行	37
上海浦东发展银行	9	星展银行	38
中信银行	10	华侨银行	39
兴业银行	11	外换银行	40
中国民生银行	12	法国巴黎银行	41
中国光大银行	13	企业银行	42
华夏银行	14	永亨银行	43
广发银行	15	法国兴业银行	44
农村合作银行	16	友利银行	45
招商银行	17	东方汇理银行	46
深圳发展银行	18	德意志银行	47
中国农业发展银行	19	新韩银行	48
恒丰银行	20	大新银行	49
国家开发银行	21	大华银行	50
渤海银行	22	苏格兰皇家银行	51
浙商银行	23	盘谷银行	52
东亚银行	24	华一银行	53
三井住友银行	25	澳大利亚和新西兰银行	54
厦门国际银行	26	首都银行	55
汇丰银行	27	中信银行国际	56
中国进出口银行	28	摩根大通银行	57
外国银行分行	29	华美银行	58

表格5　支票业务量分地区（按业务笔数）

单位：万笔

省份	业务量	省份	业务量
北京	943.19	湖北	663.53
天津	435.87	湖南	382.58
河北	488.58	广东	1 806.96
山西	374.05	海南	72.29
内蒙古	459.89	广西	325.94
辽宁	738.43	重庆	746.82
吉林	209.86	四川	811.60
黑龙江	369.56	贵州	297.68
上海	1 176.88	云南	413.66
江苏	1 560.16	西藏	25.16
浙江	1 337.81	陕西	373.40
安徽	572.20	甘肃	371.07
福建	491.50	青海	70.55
江西	374.86	宁夏	107.33
山东	1 291.69	新疆	509.67
河南	673.73	深圳	367.30

表格6　支票业务量分地区（按业务金额）

单位：亿元

省份	业务量	省份	业务量
北京	138 294.05	湖北	15 841.56
天津	12 467.67	湖南	9 442.12
河北	13 197.29	广东	52 293.53
山西	9 118.01	海南	2 566.13
内蒙古	9 186.19	广西	13 506.44
辽宁	15 726.86	重庆	12 400.78
吉林	8 128.16	四川	18 952.48
黑龙江	6 302.75	贵州	6 680.95
上海	42 909.76	云南	10 951.19
江苏	54 505.22	西藏	476.49
浙江	57 794.31	陕西	11 045.90
安徽	22 666.83	甘肃	3 915.20
福建	19 262.25	青海	3 960.93
江西	10 967.54	宁夏	1 973.89
山东	45 052.68	新疆	10 094.83
河南	18 401.90	深圳	16 584.19

表格7 支票业务量分行别（按业务笔数）

行别	排名	行别	排名
中国工商银行	1	国家开发银行	30
农村商业银行	2	友利银行	31
中国农业银行	3	瑞穗实业银行	32
城市商业银行	4	渣打银行	33
农村信用社	5	韩亚银行	34
中国银行	6	东方汇理银行	35
中国建设银行	7	新韩银行	36
交通银行	8	厦门国际银行	37
农村合作银行	9	花旗银行	38
广发银行	10	外换银行	39
上海浦东发展银行	11	星展银行	40
中信银行	12	恒生银行	41
招商银行	13	华侨银行	42
中国邮政储蓄银行	14	华一银行	43
兴业银行	15	大华银行	44
中国民生银行	16	南洋商业银行	45
华夏银行	17	法国兴业银行	46
中国光大银行	18	苏格兰皇家银行	47
深圳发展银行	19	澳大利亚和新西兰银行	48
中国农业发展银行	20	中国进出口银行	49
外国银行分行	21	德意志银行	50
恒丰银行	22	永亨银行	51
三井住友银行	23	首都银行	52
东亚银行	24	法国巴黎银行	53
渤海银行	25	大新银行	54
浙商银行	26	华商银行	55
汇丰银行	27	盘谷银行	56
三菱东京日联银行	28	摩根大通银行	57
企业银行	29	华美银行	58

表格8　支票业务量分行别（按业务金额）

行别	排名	行别	排名
中国工商银行	1	华商银行	31
城市商业银行	2	渣打银行	32
中国建设银行	3	南洋商业银行	33
中国农业银行	4	花旗银行	34
农村商业银行	5	恒生银行	35
中国银行	6	韩亚银行	36
农村信用社	7	三菱东京日联银行	37
交通银行	8	瑞穗实业银行	38
上海浦东发展银行	9	星展银行	39
兴业银行	10	华侨银行	40
中信银行	11	外换银行	41
中国光大银行	12	法国巴黎银行	42
中国民生银行	13	企业银行	43
农村合作银行	14	永亨银行	44
华夏银行	15	法国兴业银行	45
广发银行	16	友利银行	46
招商银行	17	东方汇理银行	47
中国邮政储蓄银行	18	德意志银行	48
中国农业发展银行	19	新韩银行	49
深圳发展银行	20	大新银行	50
恒丰银行	21	大华银行	51
外国银行分行	22	苏格兰皇家银行	52
国家开发银行	23	盘谷银行	53
渤海银行	24	华一银行	54
浙商银行	25	澳大利亚和新西兰银行	55
东亚银行	26	首都银行	56
三井住友银行	27	中信银行国际	57
厦门国际银行	28	摩根大通银行	58
汇丰银行	29	华美银行	59
中国进出口银行	30		

表格 9　各地区支票出票人违规情况列表（按业务笔数）

单位：笔

省份	支票违规笔数	省份	支票违规笔数
北京	1 097	湖北	236
天津	321	湖南	0
河北	3	广东	32 785
山西	0	海南	0
内蒙古	0	广西	0
辽宁	1 711	重庆	95
吉林	0	四川	39
黑龙江	0	贵州	0
上海	9 723	云南	231
江苏	790	西藏	0
浙江	3 461	陕西	36
安徽	0	甘肃	0
福建	0	青海	0
江西	0	宁夏	0
山东	664	新疆	531
河南	0	深圳	10 634

表格 10　各地区支票出票人违规情况列表（按业务金额）

单位：万元

省份	支票违规金额	省份	支票违规金额
北京	652	湖北	4 036. 03
天津	3 012. 09	湖南	0
河北	32	广东	297 827. 74
山西	0	海南	0
内蒙古	0	广西	0
辽宁	46 788. 45	重庆	562. 84
吉林	0	四川	364. 81
黑龙江	0	贵州	0
上海	116 220. 34	云南	2 699. 34
江苏	8 041. 64	西藏	0
浙江	198 755. 57	陕西	255. 38
安徽	0	甘肃	0
福建	0	青海	0
江西	0	宁夏	0
山东	5 362. 71	新疆	6 686. 88
河南	0	深圳	44 918. 8

表格 11　支票出票人违规情况分开户银行行别列表（按业务笔数）

行别	排名	行别	排名
中国工商银行	1	渣打银行	21
中国农业银行	2	浙商银行	22
农村商业银行	3	东亚银行	23
中国银行	4	渤海银行	24
中国建设银行	5	汇丰银行	25
城市商业银行	6	恒丰银行	26
农村信用社	7	花旗银行	27
交通银行	8	永亨银行	28
广发银行	9	企业银行	29
深圳发展银行	10	厦门国际银行	30
招商银行	11	韩亚银行	31
上海浦东发展银行	12	友利银行	32
兴业银行	13	外换银行	33
农村合作银行	14	外国银行分行	34
中国民生银行	15	三菱东京日联银行	35
中信银行	16	华一银行	36
中国邮政储蓄银行	17	德意志银行	37
华夏银行	18	渣打银行	38
国家开发银行	19	浙商银行	39
中国光大银行	20	东亚银行	40

表格 12　支票出票人违规情况分开户银行行别列表（按业务金额）

行别	排名	行别	排名
中国工商银行	1	国家开发银行	19
中国农业银行	2	中国邮政储蓄银行	20
城市商业银行	3	渤海银行	21
中国建设银行	4	浙商银行	22
中国银行	5	汇丰银行	23
农村商业银行	6	恒丰银行	24
农村信用社	7	渣打银行	25
上海浦东发展银行	8	花旗银行	26
招商银行	9	东亚银行	27
深圳发展银行	10	永亨银行	28
农村合作银行	11	企业银行	29
中信银行	12	韩亚银行	30
兴业银行	13	厦门国际银行	31
交通银行	14	德意志银行	32
中国民生银行	15	友利银行	33
广发银行	16	三菱东京日联银行	34
中国光大银行	17	华一银行	35
华夏银行	18	外换银行	36

表格 13　商业汇票业务分地区（按业务笔数）

单位：万笔

省份	业务量	省份	业务量
北京	5.40	湖北	13.59
天津	5.26	湖南	6.76
河北	12.01	广东	13.53
山西	7.65	海南	0.20
内蒙古	3.32	广西	2.57
辽宁	10.84	重庆	9.03
吉林	1.83	四川	8.57
黑龙江	2.32	贵州	1.76
上海	8.66	云南	1.83
江苏	82.79	西藏	0.00
浙江	78.99	陕西	3.87
安徽	10.19	甘肃	1.41
福建	11.53	青海	0.08
江西	9.38	宁夏	2.02
山东	43.23	新疆	1.81
河南	24.43	深圳	5.93

表格 14　商业汇票业务分地区（按业务金额）

单位：亿元

省份	业务量	省份	业务量
北京	1 502.27	湖北	1 417.18
天津	1 335.46	湖南	570.58
河北	1 358.92	广东	2 450.16
山西	1 693.90	海南	34.56
内蒙古	689.73	广西	470.84
辽宁	1 664.00	重庆	856.46
吉林	352.18	四川	1 423.94
黑龙江	273.69	贵州	249.44
上海	1 656.02	云南	499.31
江苏	5 728.46	西藏	1.20
浙江	6 042.38	陕西	374.72
安徽	797.85	甘肃	161.47
福建	1 385.06	青海	11.04
江西	787.09	宁夏	168.72
山东	3 419.44	新疆	200.13
河南	1 537.53	深圳	802.45

表格 15　商业汇票业务量分行别（按业务笔数）

行别	排名	行别	排名
城市商业银行	1	南洋商业银行	28
中国银行	2	瑞穗实业银行	29
农村商业银行	3	厦门国际银行	30
上海浦东发展银行	4	外国银行	31
中信银行	5	三菱东京日联银行	32
中国工商银行	6	恒生银行	33
中国民生银行	7	星展银行	34
交通银行	8	德意志银行	35
兴业银行	9	企业银行	36
中国建设银行	10	华一银行	37
中国光大银行	11	韩亚银行	38
招商银行	12	华商银行	39
农村合作银行	13	三井住友银行	40
深圳发展银行	14	友利银行	41
广发银行	15	新韩银行	42
农村信用社	16	华侨银行	43
华夏银行	17	永亨银行	44
中国农业银行	18	法国兴业银行	45
恒丰银行	19	大新银行	46
浙商银行	20	外换银行	47
渤海银行	21	大华银行	48
东亚银行	22	华美银行	49
渣打银行	23	中信银行国际	50
中国农业发展银行	24	苏格兰皇家银行	51
花旗银行	25	首都银行	52
国家开发银行	26	澳大利亚和新西兰银行	53
汇丰银行	27	盘谷银行	54

表格16　商业汇票业务量分行别（按业务金额）

行别	排名	行别	排名
城市商业银行	1	南洋商业银行	28
中信银行	2	厦门国际银行	29
中国民生银行	3	汇丰银行	30
上海浦东发展银行	4	瑞穗实业银行	31
中国银行	5	韩亚银行	32
中国建设银行	6	华商银行	33
交通银行	7	恒生银行	34
中国光大银行	8	德意志银行	35
中国工商银行	9	三菱东京日联银行	36
兴业银行	10	星展银行	37
深圳发展银行	11	永亨银行	38
招商银行	12	苏格兰皇家银行	39
华夏银行	13	三井住友银行	40
广发银行	14	新韩银行	41
农村商业银行	15	华侨银行	42
中国农业银行	16	华一银行	43
农村信用社	17	大华银行	44
恒丰银行	18	友利银行	45
渤海银行	19	外换银行	46
外国银行分行	20	澳大利亚和新西兰银行	47
浙商银行	21	企业银行	48
农村合作银行	22	首都银行	49
东亚银行	23	大新银行	50
国家开发银行	24	中信银行国际	51
中国农业发展银行	25	法国兴业银行	52
花旗银行	26	华美银行	53
渣打银行	27	盘谷银行	54

表格 17　银行卡数量分地区

单位：万张

省份	数量	省份	数量
北京	14 933.13	湖北	13 270.82
天津	8 721.54	湖南	12 995.19
河北	12 206.49	广东	31 397.87
山西	8 229.54	海南	1 965.94
内蒙古	5 504.87	广西	7 967.65
辽宁	12 519.57	重庆	7 754.17
吉林	5 795.81	四川	16 508.66
黑龙江	7 252.71	贵州	4 986.69
上海	13 081.91	云南	6 223.35
江苏	27 013.33	西藏	310.40
浙江	21 610.38	陕西	8 187.68
安徽	9 372.88	甘肃	4 761.39
福建	13 302.08	青海	788.09
江西	7 333.79	宁夏	1 315.90
山东	22 133.88	新疆	4 678.79
河南	16 287.49	深圳	11 562.81

表格 18　银行卡数量分行别

行别	排名	行别	排名
中国邮政储蓄银行	1	外国银行分行	20
中国农业银行	2	恒丰银行	21
中国建设银行	3	渤海银行	22
中国工商银行	4	东亚银行	23
中国银行	5	浙商银行	24
农村信用社	6	渣打银行	25
城市商业银行	7	汇丰银行	26
农村商业银行	8	花旗银行	27
交通银行	9	友利银行	28
招商银行	10	恒生银行	29
中国光大银行	11	新韩银行	30
中国民生银行	12	南洋商业银行	31
中信银行	13	韩亚银行	32
上海浦东发展银行	14	星展银行	33
农村合作银行	15	华侨银行	34
广发银行	16	永亨银行	35
兴业银行	17	大华银行	36
华夏银行	18	法国兴业银行	37
深圳发展银行	19	大新银行	38

表格19　银行卡业务量分地区（按业务笔数）

单位：万笔

省份	业务量	省份	业务量
北京	48 436.92	湖北	36 285.1
天津	13 631.19	湖南	30 848.54
河北	37 870.06	广东	108 918.2
山西	17 312.83	海南	8 171.785
内蒙古	15 376.31	广西	25 418.6
辽宁	36 372.02	重庆	21 208.56
吉林	16 526.49	四川	46 581.04
黑龙江	18 914.55	贵州	14 698.84
上海	47 343.32	云南	18 803.07
江苏	72 364.16	西藏	921.2136
浙江	69 278.95	陕西	23 791.96
安徽	26 963.5	甘肃	13 072.75
福建	47 225.5	青海	2 982.567
江西	19 522.58	宁夏	5 426.772
山东	65 931.75	新疆	17 706.06
河南	42 978.56	深圳	36 944.74

表格20　银行卡业务量分地区（按业务金额）

单位：亿元

省份	业务量	省份	业务量
北京	37 866.99	湖北	27 676.54
天津	9 838.18	湖南	21 768.19
河北	39 199.36	广东	70 499.34
山西	19 198.05	海南	4 823.96
内蒙古	21 537.26	广西	18 142.01
辽宁	31 565.86	重庆	13 310.37
吉林	12 882.48	四川	33 126.17
黑龙江	15 875.98	贵州	10 555.78
上海	42 029.59	云南	15 130.33
江苏	69 429.82	西藏	622.84
浙江	97 492.66	陕西	17 025.70
安徽	26 257.44	甘肃	9 782.28
福建	51 439.13	青海	2 393.72
江西	18 544.19	宁夏	4 187.52
山东	52 566.58	新疆	12 713.20
河南	49 037.70	深圳	25 454.89

表格 21　银行卡业务量分行别（按业务笔数）

行别	排名	行别	排名
中国工商银行	1	恒丰银行	20
中国建设银行	2	渤海银行	21
中国农业银行	3	东亚银行	22
中国邮政储蓄银行	4	浙商银行	23
交通银行	5	渣打银行	24
农村信用社	6	友利银行	25
中国银行	7	汇丰银行	26
招商银行	8	花旗银行	27
城市商业银行	9	新韩银行	28
农村商业银行	10	韩亚银行	29
广发银行	11	南洋商业银行	30
上海浦东发展银行	12	星展银行	31
农村合作银行	13	恒生银行	32
中国光大银行	14	永亨银行	33
中信银行	15	大华银行	34
中国民生银行	16	法国兴业银行	35
兴业银行	17	大新银行	36
深圳发展银行	18	华侨银行	37
华夏银行	19		

表格 22　银行卡业务量分行别（按业务金额）

行别	排名	行别	排名
中国工商银行	1	恒丰银行	20
中国农业银行	2	浙商银行	21
中国建设银行	3	渤海银行	22
交通银行	4	东亚银行	23
农村信用社	5	韩亚银行	24
中国邮政储蓄银行	6	花旗银行	25
城市商业银行	7	南洋商业银行	26
农村商业银行	8	渣打银行	27
中国银行	9	新韩银行	28
农村合作银行	10	友利银行	29
中国民生银行	11	汇丰银行	30
上海浦东发展银行	12	恒生银行	31
中信银行	13	华侨银行	32
招商银行	14	星展银行	33
中国光大银行	15	永亨银行	34
兴业银行	16	大华银行	35
深圳发展银行	17	法国兴业银行	36
华夏银行	18	大新银行	37
广发银行	19		

表格 23　银行卡消费业务量分地区（按业务笔数）

单位：万笔

省份	业务量	省份	业务量
北京	17 972. 61	湖北	7 696. 84
天津	4 641. 01	湖南	7 083. 73
河北	7 422. 51	广东	26 916. 63
山西	3 459. 25	海南	1 510. 30
内蒙古	2 639. 89	广西	4 024. 49
辽宁	7 720. 20	重庆	4 531. 66
吉林	2 874. 76	四川	8 008. 66
黑龙江	3 223. 73	贵州	2 108. 84
上海	17 424. 82	云南	3 461. 56
江苏	17 370. 49	西藏	113. 89
浙江	14 796. 94	陕西	5 594. 98
安徽	5 361. 69	甘肃	1 983. 10
福建	10 042. 22	青海	390. 75
江西	3 160. 88	宁夏	732. 74
山东	15 870. 19	新疆	2 250. 86
河南	8 286. 00	深圳	12 227. 44

表格 24　银行卡消费业务量分地区（按业务金额）

单位：亿元

省份	业务量	省份	业务量
北京	3 171. 17	湖北	2 177. 51
天津	909. 52	湖南	2 083. 48
河北	2 076. 95	广东	4 635. 09
山西	828. 63	海南	299. 76
内蒙古	789. 74	广西	942. 86
辽宁	1 748. 49	重庆	1 058. 21
吉林	596. 73	四川	1 973. 75
黑龙江	722. 77	贵州	533. 26
上海	3 122. 45	云南	904. 50
江苏	4 662. 49	西藏	25. 98
浙江	5 581. 19	陕西	1 113. 78
安徽	1 516. 34	甘肃	434. 78
福建	2 662. 58	青海	130. 36
江西	1 016. 94	宁夏	199. 78
山东	3 079. 93	新疆	592. 68
河南	4 155. 57	深圳	1 877. 69

表格 25 银行卡消费业务量分行别（按业务笔数）

行别	排名	行别	排名
中国建设银行	1	恒丰银行	20
中国工商银行	2	东亚银行	21
招商银行	3	渤海银行	22
中国农业银行	4	汇丰银行	23
中国银行	5	渣打银行	24
中国邮政储蓄银行	6	友利银行	25
交通银行	7	花旗银行	26
城市商业银行	8	浙商银行	27
广发银行	9	新韩银行	28
中信银行	10	韩亚银行	29
中国光大银行	11	恒生银行	30
中国民生银行	12	星展银行	31
兴业银行	13	南洋商业银行	32
农村商业银行	14	法国兴业银行	33
上海浦东发展银行	15	大新银行	34
农村信用社	16	大华银行	35
深圳发展银行	17	永亨银行	36
华夏银行	18	华侨银行	37
农村合作银行	19		

表格 26 银行卡消费业务量分行别（按业务金额）

行别	排名	行别	排名
中国工商银行	1	外国银行分行	20
中国农业银行	2	浙商银行	21
中国建设银行	3	恒丰银行	22
中国银行	4	东亚银行	23
招商银行	5	渤海银行	24
交通银行	6	渣打银行	25
城市商业银行	7	汇丰银行	26
中国邮政储蓄银行	8	花旗银行	27
农村信用社	9	恒生银行	28
中国民生银行	10	南洋商业银行	29
农村商业银行	11	华侨银行	30
中国光大银行	12	新韩银行	31
中信银行	13	友利银行	32
广发银行	14	星展银行	33
兴业银行	15	韩亚银行	34
农村合作银行	16	大华银行	35
上海浦东发展银行	17	法国兴业银行	36
华夏银行	18	永亨银行	37
深圳发展银行	19	大新银行	38

表格 27　信用卡数量分地区

单位：万张

省份	数量	省份	数量
北京	2 753. 91	湖北	1 146. 81
天津	740. 17	湖南	768. 03
河北	1 023. 56	广东	2 889. 31
山西	507. 49	海南	160. 77
内蒙古	372. 62	广西	470. 61
辽宁	1 350. 64	重庆	630. 76
吉林	406. 51	四川	1 042. 44
黑龙江	522. 48	贵州	236. 30
上海	2 555. 90	云南	475. 52
江苏	2 531. 66	西藏	11. 92
浙江	2 744. 49	陕西	571. 00
安徽	701. 73	甘肃	261. 19
福建	1 309. 30	青海	44. 05
江西	488. 39	宁夏	73. 53
山东	2 062. 44	新疆	222. 32
河南	1 137. 31	深圳	1 563. 10

表格 28　信用卡数量分行别

行别	排名	行别	排名
中国工商银行	1	上海浦东发展银行	12
中国建设银行	2	兴业银行	13
中国银行	3	深圳发展银行	14
中国农业银行	4	中国邮政储蓄银行	15
交通银行	5	华夏银行	16
招商银行	6	农村商业银行	17
中国光大银行	7	农村合作银行	18
广发银行	8	农村信用社	19
中国民生银行	9	外国银行分行	20
城市商业银行	10	东亚银行	21
中信银行	11	花旗银行	22

表格 29 信用卡期末授信总额分行别

行别	排名	行别	排名
中国工商银行	1	广发银行	12
中国农业银行	2	中国邮政储蓄银行	13
中国建设银行	3	兴业银行	14
交通银行	4	深圳发展银行	15
中国银行	5	华夏银行	16
招商银行	6	农村商业银行	17
城市商业银行	7	农村合作银行	18
中信银行	8	农村信用社	19
中国光大银行	9	外国银行分行	20
中国民生银行	10	东亚银行	21
上海浦东发展银行	11	花旗银行	22

表格 30 信用卡期末应偿信贷总额分行别

行别	排名	行别	排名
中国工商银行	1	上海浦东发展银行	12
中国建设银行	2	深圳发展银行	13
中国银行	3	中国农业银行	14
交通银行	4	中国邮政储蓄银行	15
招商银行	5	农村商业银行	16
城市商业银行	6	农村合作银行	17
中国光大银行	7	华夏银行	18
中国民生银行	8	农村信用社	19
广发银行	9	外国银行分行	20
中信银行	10	东亚银行	21
兴业银行	11	花旗银行	22

表格 31 信用卡逾期半年未偿信贷总额分行别

行别	排名	行别	排名
交通银行	1	中国民生银行	11
中国工商银行	2	兴业银行	12
中国银行	3	上海浦东发展银行	13
招商银行	4	深圳发展银行	14
中信银行	5	农村合作银行	15
中国农业银行	6	华夏银行	16
中国建设银行	7	中国邮政储蓄银行	17
广发银行	8	农村商业银行	18
城市商业银行	9	农村信用社	19
中国光大银行	10	东亚银行	20

表格32　汇兑业务量分地区（按业务笔数）

单位：万笔

省份	业务量	省份	业务量
北京	1 483. 38	湖北	747. 85
天津	427. 41	湖南	965. 76
河北	839. 03	广东	3 335. 61
山西	1 819. 23	海南	207. 61
内蒙古	563. 25	广西	604. 23
辽宁	805. 16	重庆	458. 28
吉林	379. 66	四川	1 768. 80
黑龙江	433. 56	贵州	702. 14
上海	1 608. 75	云南	451. 74
江苏	2 540. 55	西藏	86. 78
浙江	5 837. 67	陕西	668. 82
安徽	595. 51	甘肃	255. 15
福建	1 882. 29	青海	145. 91
江西	449. 89	宁夏	159. 88
山东	3 665. 52	新疆	485. 67
河南	1 117. 27	深圳	1 130. 94

表格33　汇兑业务量分地区（按业务金额）

单位：亿元

省份	业务量	省份	业务量
北京	286 975. 68	湖北	25 153. 89
天津	28 330. 65	湖南	25 266. 95
河北	36 541. 38	广东	113 464. 11
山西	43 561. 58	海南	5 600. 54
内蒙古	21 844. 27	广西	14 612. 03
辽宁	52 009. 12	重庆	38 746. 03
吉林	21 274. 91	四川	31 726. 58
黑龙江	36 553. 87	贵州	14 226. 61
上海	239 838. 32	云南	19 995. 77
江苏	77 992. 43	西藏	1 860. 85
浙江	171 466. 85	陕西	18 830. 54
安徽	23 396. 17	甘肃	15 689. 64
福建	43 092. 33	青海	3 627. 74
江西	14 708. 57	宁夏	5 134. 01
山东	70 454. 46	新疆	10 438. 81
河南	43 074. 40	深圳	64 523. 87

表格 34　汇兑业务量分行别（按业务笔数）

行别	排名	行别	排名
中国工商银行	1	星展银行	32
中国邮政储蓄银行	2	瑞穗实业银行	33
中国建设银行	3	国家开发银行	34
中国农业银行	4	华一银行	35
城市商业银行	5	苏格兰皇家银行	36
中国银行	6	韩亚银行	37
农村信用社	7	南洋商业银行	38
农村商业银行	8	企业银行	39
交通银行	9	友利银行	40
中信银行	10	新韩银行	41
农村合作银行	11	恒生银行	42
广发银行	12	法国兴业银行	43
汇丰银行	13	法国巴黎银行	44
华夏银行	14	花旗银行	45
兴业银行	15	东方汇理银行	46
渣打银行	16	华侨银行	47
中国光大银行	17	厦门国际银行	48
德意志银行	18	中国进出口银行	49
浙商银行	19	大华银行	50
上海浦东发展银行	20	外换银行	51
中国农业发展银行	21	澳大利亚和新西兰银行	52
招商银行	22	永亨银行	53
东亚银行	23	盘谷银行	54
渤海银行	24	大新银行	55
国外银行分行	25	首都银行	56
中国民生银行	26	蒙特利尔银行	57
深圳发展银行	27	华美银行	58
摩根大通银行	28	华商银行	59
三菱东京日联银行	29	中信银行国际	60
恒丰银行	30	摩根士丹利国际银行	61
三井住友银行	31		

表格 35　汇兑业务量分行别（按业务金额）

行别	排名	行别	排名
中国工商银行	1	瑞穗实业银行	32
中国建设银行	2	国外银行分行	33
城市商业银行	3	三井住友银行	34
中国农业银行	4	三菱东京日联银行	35
交通银行	5	星展银行	36
中信银行	6	南洋商业银行	37
中国银行	7	华一银行	38
农村商业银行	8	恒生银行	39
农村信用社	9	华侨银行	40
华夏银行	10	摩根大通银行	41
中国邮政储蓄银行	11	韩亚银行	42
中国光大银行	12	法国巴黎银行	43
兴业银行	13	法国兴业银行	44
广发银行	14	友利银行	45
渣打银行	15	澳大利亚和新西兰银行	46
恒丰银行	16	新韩银行	47
农村合作银行	17	苏格兰皇家银行	48
浙商银行	18	企业银行	49
中国民生银行	19	大华银行	50
渤海银行	20	外换银行	51
深圳发展银行	21	东方汇理银行	52
上海浦东发展银行	22	永亨银行	53
招商银行	23	大新银行	54
中国农业发展银行	24	盘谷银行	55
国家开发银行	25	华美银行	56
汇丰银行	26	中信银行国际	57
中国进出口银行	27	华商银行	58
东亚银行	28	首都银行	59
德意志银行	29	摩根士丹利国际银行	60
厦门国际银行	30	蒙特利尔银行	61
花旗银行	31		

表格 36　银行业金融机构行内支付系统分地区（按业务笔数）

单位：万笔

省份	笔数	省份	笔数
北京	11 030. 26	湖北	5 854. 09
天津	1 544. 92	湖南	6 961. 20
河北	4 936. 26	广东	33 615. 45
山西	3 996. 71	海南	2 290. 12
内蒙古	2 930. 41	广西	5 866. 92
辽宁	5 701. 68	重庆	13 056. 05
吉林	2 446. 39	四川	9 592. 72
黑龙江	8 033. 55	贵州	3 052. 35
上海	8 741. 12	云南	4 086. 39
江苏	14 843. 74	西藏	249. 35
浙江	21 154. 14	陕西	4 238. 34
安徽	3 578. 58	甘肃	2 427. 32
福建	10 469. 71	青海	644. 65
江西	3 454. 15	宁夏	869. 60
山东	9 344. 48	新疆	1 878. 40
河南	6 926. 74	深圳	15 942. 84

表格 37　银行业金融机构行内支付系统分地区（按业务金额）

单位：亿元

省份	金额	省份	金额
北京	249 643. 59	湖北	33 937. 95
天津	22 833. 16	湖南	46 616. 55
河北	23 339. 70	广东	135 860. 41
山西	28 197. 45	海南	11 087. 55
内蒙古	23 937. 23	广西	19 835. 40
辽宁	56 919. 47	重庆	33 646. 97
吉林	12 662. 67	四川	28 250. 05
黑龙江	19 460. 43	贵州	15 775. 20
上海	149 636. 21	云南	26 928. 11
江苏	97 930. 90	西藏	809. 95
浙江	260 452. 05	陕西	25 944. 12
安徽	16 072. 68	甘肃	8 010. 35
福建	39 342. 20	青海	2 637. 74
江西	17 124. 04	宁夏	3 771. 62
山东	67 050. 45	新疆	7 271. 92
河南	40 058. 40	深圳	100 005. 62

表格 38　银行业金融机构行内支付系统分行别（按业务笔数）

行别	排名	行别	排名
中国建设银行	1	上海浦东发展银行	19
中国农业银行	2	中国农业发展银行	20
中国工商银行	3	渤海银行	21
农村商业银行	4	花旗银行	22
中国邮政储蓄银行	5	汇丰银行	23
城市商业银行	6	德意志银行	24
中国银行	7	友利银行	25
农村信用社	8	东亚银行	26
广发银行	9	星展银行	27
招商银行	10	浙商银行	28
兴业银行	11	华一银行	29
中国民生银行	12	华夏银行	30
中信银行	13	法国巴黎银行	31
深圳发展银行	14	三井住友银行	32
农村合作银行	15	国外银行分行	33
恒丰银行	16	中国进出口银行	34
中国光大银行	17	华侨银行	35
交通银行	18	大华银行	36

表格 39　银行业金融机构行内支付系统分行别（按业务金额）

行别	排名	行别	排名
中国工商银行	1	上海浦东发展银行	19
中国银行	2	德意志银行	20
城市商业银行	3	农村合作银行	21
中国建设银行	4	中国农业发展银行	22
中国农业银行	5	渤海银行	23
中国民生银行	6	汇丰银行	24
农村商业银行	7	浙商银行	25
兴业银行	8	华一银行	26
农村信用社	9	中国进出口银行	27
交通银行	10	国外银行分行	28
中国光大银行	11	星展银行	29
招商银行	12	法国巴黎银行	30
广发银行	13	东亚银行	31
中国邮政储蓄银行	14	三井住友银行	32
恒丰银行	15	友利银行	33
花旗银行	16	华夏银行	34
深圳发展银行	17	大华银行	35
中信银行	18	华侨银行	36

表格 40　同城清算业务量分地区（按业务笔数）

单位：万笔

省份	笔数	省份	笔数
北京	724. 51	湖北	151. 35
天津	321. 16	湖南	37. 10
河北	64. 23	广东	2 031. 16
山西	33. 60	海南	0. 00
内蒙古	36. 36	广西	203. 24
辽宁	482. 85	重庆	134. 29
吉林	46. 19	四川	122. 24
黑龙江	134. 68	贵州	0. 00
上海	806. 96	云南	147. 70
江苏	1 291. 74	西藏	2. 70
浙江	2 475. 37	陕西	105. 01
安徽	74. 05	甘肃	76. 50
福建	68. 43	青海	21. 16
江西	214. 16	宁夏	0. 00
山东	378. 12	新疆	11. 23
河南	82. 13	深圳	79. 11

表格 41　同城清算业务量分地区（按业务金额）

单位：亿元

省份	金额	省份	金额
北京	14 179. 69	湖北	4 438. 60
天津	6 052. 59	湖南	1 361. 14
河北	1 491. 45	广东	10 326. 03
山西	1 179. 33	海南	0. 00
内蒙古	983. 87	广西	5 364. 20
辽宁	7 683. 66	重庆	2 965. 08
吉林	1 171. 30	四川	3 627. 18
黑龙江	2 723. 27	贵州	0. 00
上海	10 299. 53	云南	3 114. 28
江苏	41 994. 27	西藏	32. 45
浙江	23 666. 57	陕西	3 214. 37
安徽	1 561. 19	甘肃	1 308. 31
福建	1 246. 00	青海	745. 15
江西	3 484. 35	宁夏	0. 00
山东	11 102. 15	新疆	848. 68
河南	3 166. 63	深圳	312. 60

表格 42　同城清算业务量分行别（按业务笔数）

行别	排名	行别	排名
中国工商银行	1	渣打银行	31
中国农业银行	2	花旗银行	32
城市商业银行	3	德意志银行	33
中国银行	4	国外银行分行	34
中国建设银行	5	厦门国际银行	35
交通银行	6	友利银行	36
农村商业银行	7	星展银行	37
农村信用社	8	南洋商业银行	38
中信银行	9	恒生银行	39
农村合作银行	10	华一银行	40
上海浦东发展银行	11	外换银行	41
广发银行	12	韩亚银行	42
招商银行	13	中国进出口银行	43
华夏银行	14	企业银行	44
兴业银行	15	新韩银行	45
中国邮政储蓄银行	16	大华银行	46
中国光大银行	17	澳大利亚和新西兰银行	47
中国民生银行	18	华侨银行	48
深圳发展银行	19	大新银行	49
中国农业发展银行	20	首都银行	50
恒丰银行	21	永亨银行	51
国家开发银行	22	东方汇理银行	52
浙商银行	23	法国兴业银行	53
汇丰银行	24	摩根大通银行	54
渤海银行	25	苏格兰皇家银行	55
三井住友银行	26	法国巴黎银行	56
三菱东京日联银行	27	中信银行国际	57
东亚银行	28	华美银行	58
瑞穗实业银行	29	盘谷银行	59
城信用社	30	蒙特利尔银行	60

表格43　同城清算业务量分行别（按业务金额）

行别	排名	行别	排名
中国工商银行	1	瑞穗实业银行	31
城市商业银行	2	城信用社	32
中国建设银行	3	厦门国际银行	33
中国农业银行	4	德意志银行	34
中国银行	5	渣打银行	35
农村商业银行	6	南洋商业银行	36
交通银行	7	华一银行	37
农村信用社	8	恒生银行	38
中信银行	9	星展银行	39
上海浦东发展银行	10	国外银行分行	40
招商银行	11	企业银行	41
兴业银行	12	友利银行	42
中国民生银行	13	大新银行	43
华夏银行	14	华侨银行	44
中国光大银行	15	韩亚银行	45
农村合作银行	16	大华银行	46
中国邮政储蓄银行	17	外换银行	47
广发银行	18	新韩银行	48
国家开发银行	19	首都银行	49
深圳发展银行	20	法国巴黎银行	50
中国农业发展银行	21	澳大利亚和新西兰银行	51
浙商银行	22	法国兴业银行	52
恒丰银行	23	永亨银行	53
渤海银行	24	苏格兰皇家银行	54
汇丰银行	25	东方汇理银行	55
东亚银行	26	摩根大通银行	56
中国进出口银行	27	中信银行国际	57
花旗银行	28	盘谷银行	58
三菱东京日联银行	29	华美银行	59
三井住友银行	30	蒙特利尔银行	60

表格 44　人民币单位银行结算账户数量分地区

单位：万户

省份	数量	省份	数量
北京	134. 25	湖北	93. 09
天津	57. 56	湖南	72. 64
河北	108. 01	广东	262. 31
山西	60. 01	海南	22. 06
内蒙古	47. 04	广西	64. 15
辽宁	110. 72	重庆	56. 96
吉林	44. 79	四川	100. 04
黑龙江	61. 51	贵州	39. 59
上海	208. 88	云南	69. 78
江苏	342. 32	西藏	3. 11
浙江	259. 27	陕西	75. 55
安徽	88. 03	甘肃	33. 39
福建	101. 60	青海	9. 97
江西	60. 48	宁夏	17. 09
山东	218. 47	新疆	38. 50
河南	125. 42	深圳	108. 76

表格 45　人民币单位银行结算账户数量分行别

行别	排名	行别	排名
中国工商银行	1	国外银行分行	32
中国农业银行	2	厦门国际银行	33
农村信用社	3	三井住友银行	34
城市商业银行	4	星展银行	35
中国建设银行	5	华一银行	36
中国银行	6	友利银行	37
农村商业银行	7	中国进出口银行	38
交通银行	8	企业银行	39
招商银行	9	韩亚银行	40
上海浦东发展银行	10	南洋商业银行	41
中国邮政储蓄银行	11	恒生银行	42
中国民生银行	12	永亨银行	43
中信银行	13	新韩银行	44
兴业银行	14	德意志银行	45
广发银行	15	大华银行	46
中国光大银行	16	华侨银行	47
华夏银行	17	外换银行	48
深圳发展银行	18	华商银行	49
中国农业发展银行	19	澳大利亚和新西兰银行	50
农村合作银行	20	摩根大通银行	51
城信用社	21	首都银行	52
恒丰银行	22	法国巴黎银行	53
浙商银行	23	大新银行	54
国家开发银行	24	苏格兰皇家银行	55
渣打银行	25	法国兴业银行	56
渤海银行	26	东方汇理银行	57
东亚银行	27	盘谷银行	58
汇丰银行	28	中信银行国际	59
三菱东京日联银行	29	华美银行	60
瑞穗实业银行	30	蒙特利尔银行	61
花旗银行	31	摩根士丹利国际银行	62

表格 46　基本存款账户数量分地区

单位：万户

省份	数量	省份	数量
北京	97. 13	湖北	55. 51
天津	30. 35	湖南	43. 75
河北	67. 84	广东	167. 43
山西	39. 63	海南	15. 47
内蒙古	28. 60	广西	40. 51
辽宁	74. 72	重庆	37. 78
吉林	32. 20	四川	64. 62
黑龙江	41. 80	贵州	22. 59
上海	120. 66	云南	35. 50
江苏	190. 42	西藏	2. 24
浙江	151. 20	陕西	43. 19
安徽	52. 72	甘肃	17. 98
福建	60. 28	青海	5. 90
江西	33. 85	宁夏	9. 29
山东	112. 27	新疆	23. 73
河南	73. 26	深圳	61. 59

表格 47　基本存款账户数量分行别

行别	排名	行别	排名
中国工商银行	1	华一银行	31
中国农业银行	2	三菱东京日联银行	32
农村信用社	3	国外银行分行	33
城市商业银行	4	新韩银行	34
中国建设银行	5	星展银行	35
中国银行	6	厦门国际银行	36
农村商业银行	7	瑞穗实业银行	37
交通银行	8	企业银行	38
中国邮政储蓄银行	9	外换银行	39
招商银行	10	南洋商业银行	40
上海浦东发展银行	11	德意志银行	41
兴业银行	12	澳大利亚和新西兰银行	42
中信银行	13	恒生银行	43
中国民生银行	14	三井住友银行	44
广发银行	15	摩根大通银行	45
中国光大银行	16	大华银行	46
华夏银行	17	苏格兰皇家银行	47
深圳发展银行	18	永亨银行	48
农村合作银行	19	华侨银行	49
中国农业发展银行	20	首都银行	50
城信用社	21	华商银行	51
恒丰银行	22	大新银行	52
浙商银行	23	国家开发银行	53
渤海银行	24	东方汇理银行	54
汇丰银行	25	法国巴黎银行	55
东亚银行	26	中国进出口银行	56
渣打银行	27	法国兴业银行	57
友利银行	28	盘谷银行	58
花旗银行	29	中信银行国际	59
韩亚银行	30	华美银行	60

表格 48　人民币单位银行结算账户净开户数量分地区

单位：万户

省份	数量	省份	数量
北京	3.56	湖北	2.22
天津	1.55	湖南	2.50
河北	1.96	广东	6.03
山西	1.84	海南	0.80
内蒙古	1.63	广西	1.01
辽宁	1.92	重庆	2.39
吉林	1.34	四川	0.02
黑龙江	1.31	贵州	2.55
上海	5.17	云南	1.45
江苏	1.00	西藏	0.10
浙江	6.15	陕西	1.87
安徽	2.64	甘肃	1.13
福建	3.18	青海	0.42
江西	2.12	宁夏	0.62
山东	5.26	新疆	0.24
河南	-4.25	深圳	2.78

表格 49　人民币单位银行结算账户净开户数量分行别

行别	排名	行别	排名
中国建设银行	1	中国进出口银行	32
中国银行	2	三井住友银行	33
城市商业银行	3	韩亚银行	34
中国工商银行	4	花旗银行	35
农村商业银行	5	新韩银行	36
中国农业银行	6	大华银行	37
农村信用社	7	厦门国际银行	38
兴业银行	8	友利银行	39
交通银行	9	企业银行	40
中国民生银行	10	首都银行	41
中国邮政储蓄银行	11	德意志银行	42
上海浦东发展银行	12	外换银行	43
招商银行	13	大新银行	44
中国光大银行	14	华一银行	45
华夏银行	15	摩根大通银行	46
中信银行	16	恒生银行	47
广发银行	17	澳大利亚和新西兰银行	48
浙商银行	18	法国兴业银行	49
深圳发展银行	19	华侨银行	50
渤海银行	20	东方汇理银行	51
恒丰银行	21	中信银行国际	52
国家开发银行	22	华商银行	53
渣打银行	23	法国巴黎银行	54
汇丰银行	24	摩根士丹利国际银行	55
东亚银行	25	华美银行	56
永亨银行	26	蒙特利尔银行	57
南洋商业银行	27	苏格兰皇家银行	58
外国银行分行	28	中国农业发展银行	59
瑞穗实业银行	29	城市信用社	60
三菱东京日联银行	30	农村合作银行	61
星展银行	31	中国进出口银行	62

表格 50　基本存款账户净开户数量分地区

单位：万户

省份	数量	省份	数量
北京	2. 35	湖北	1. 35
天津	0. 79	湖南	1. 50
河北	1. 19	广东	3. 94
山西	1. 29	海南	0. 59
内蒙古	0. 91	广西	0. 59
辽宁	1. 33	重庆	1. 79
吉林	0. 90	四川	-0. 78
黑龙江	1. 07	贵州	1. 91
上海	2. 75	云南	0. 94
江苏	0. 57	西藏	0. 09
浙江	3. 99	陕西	1. 21
安徽	1. 61	甘肃	0. 57
福建	1. 71	青海	0. 24
江西	1. 07	宁夏	0. 32
山东	3. 03	新疆	0. 16
河南	2. 15	深圳	2. 11

表格 51　基本存款账户净开户数量分行别

行别	排名	行别	排名
中国建设银行	1	花旗银行	28
中国银行	2	澳大利亚和新西兰银行	29
中国工商银行	3	南洋商业银行	30
城市商业银行	4	外换银行	31
中国农业银行	5	首都银行	32
农村商业银行	6	摩根大通银行	33
农村信用社	7	大新银行	34
兴业银行	8	大华银行	35
中国民生银行	9	恒生银行	36
中国邮政储蓄银行	10	三菱东京日联银行	37
交通银行	11	法国兴业银行	38
上海浦东发展银行	12	法国巴黎银行	39
招商银行	13	瑞穗实业银行	40
华夏银行	14	三井住友银行	41
中国光大银行	15	苏格兰皇家银行	42
广发银行	16	永亨银行	43
中信银行	17	国家开发银行	44
深圳发展银行	18	外国银行分行	45
渤海银行	19	德意志银行	46
恒丰银行	20	华商银行	47
浙商银行	21	渣打银行	48
韩亚银行	22	厦门国际银行	49
星展银行	23	华一银行	50
友利银行	24	东亚银行	51
企业银行	25	中国农业发展银行	52
新韩银行	26	城市信用社	53
汇丰银行	27	农村合作银行	54

表格 52　基本存款账户流入数量分行别

行别	排名	行别	排名
农村商业银行	1	浙商银行	23
城市商业银行	2	渤海银行	24
中国建设银行	3	城市信用社	25
中国工商银行	4	东亚银行	26
中国农业银行	5	汇丰银行	27
中国银行	6	友利银行	28
农村信用社	7	韩亚银行	29
交通银行	8	新韩银行	30
兴业银行	9	渣打银行	31
中国民生银行	10	企业银行	32
招商银行	11	华一银行	33
上海浦东发展银行	12	星展银行	34
中信银行	13	花旗银行	35
华夏银行	14	外换银行	36
中国光大银行	15	三菱东京日联银行	37
中国邮政储蓄银行	16	三井住友银行	38
广发银行	17	南洋商业银行	39
深圳发展银行	18	摩根大通银行	40
中国农业发展银行	19	恒生银行	41
农村合作银行	20	德意志银行	42
外国银行分行	21	大新银行	43
恒丰银行	22	大华银行	44

表格 53　基本存款账户流出数量分行别

行别	排名	行别	排名
农村信用社	1	汇丰银行	26
农村商业银行	2	浙商银行	27
农村合作银行	3	渣打银行	28
中国工商银行	4	友利银行	29
中国农业银行	5	厦门国际银行	30
城市商业银行	6	韩亚银行	31
中国银行	7	华一银行	32
中国建设银行	8	新韩银行	33
城市信用社	9	花旗银行	34
交通银行	10	德意志银行	35
中国邮政储蓄银行	11	企业银行	36
兴业银行	12	南洋商业银行	37
招商银行	13	华侨银行	38
上海浦东发展银行	14	星展银行	39
广发银行	15	外换银行	40
中信银行	16	首都银行	41
华夏银行	17	三菱东京日联银行	42
中国民生银行	18	摩根大通银行	43
中国光大银行	19	华商银行	44
深圳发展银行	20	恒生银行	45
中国农业发展银行	21	国家开发银行	46
外国银行分行	22	大新银行	47
恒丰银行	23	大华银行	48
渤海银行	24	澳大利亚和新西兰银行	49
东亚银行	25		

表格 54　基本存款账户净流入数量分行别

行别	排名	行别	排名
城市商业银行	1	渤海银行	22
农村商业银行	2	友利银行	23
中国建设银行	3	南洋商业银行	24
交通银行	4	华侨银行	25
中国民生银行	5	花旗银行	26
兴业银行	6	德意志银行	27
上海浦东发展银行	7	华一银行	28
招商银行	8	厦门国际银行	29
华夏银行	9	渣打银行	30
中信银行	10	汇丰银行	31
深圳发展银行	11	东亚银行	32
中国光大银行	12	中国农业发展银行	33
浙商银行	13	外国银行分行	34
恒丰银行	14	广发银行	35
三井住友银行	15	中国邮政储蓄银行	36
外换银行	16	中国工商银行	37
首都银行	17	中国银行	38
华商银行	18	中国农业银行	39
国家开发银行	19	城市信用社	40
澳大利亚和新西兰银行	20	农村合作银行	41
新韩银行	21	农村信用社	42